正面管教女孩的沟通细节

ZHENGMIAN GUANJIAO NVHAI DE GOUTONG XIJIE

蔡万刚◎编著

中国纺织出版社有限公司

内 容 提 要

一提到女孩，大概能激起很多父母心中的万般柔情，恨不得把全世界最美好的事物都给她，对她几乎有求必应。不得不说，对女孩一味地溺爱，并不是爱她，而是害了她。父母应该运用正面管教的方法来教育女孩，并调整好心态，不要过分宠溺和骄纵女孩，从点滴做起，帮助女孩进步。

本书重新帮助父母矫正教育女孩的理念，从教育中的常见问题出发，为父母们提供了让教养女孩少走弯路的措施和方法，并告诫父母，运用和善和坚定的教育方法，才能培养出健康积极、自信大方的女孩。

图书在版编目（CIP）数据

正面管教女孩的沟通细节 / 蔡万刚编著. —北京：中国纺织出版社有限公司，2020.10

ISBN 978-7-5180-7445-7

Ⅰ.①正… Ⅱ.①蔡… Ⅲ.①女性—家庭教育 Ⅳ.①G78

中国版本图书馆CIP数据核字（2020）第083436号

责任编辑：赵晓红　　责任校对：王蕙莹　　责任印制：储志伟

中国纺织出版社有限公司出版发行

地址：北京市朝阳区百子湾东里A407号楼　邮政编码：100124

销售电话：010—67004422　传真：010—87155801

http://www.c-textilep.com

中国纺织出版社天猫旗舰店

官方微博http://weibo.com/2119887771

三河市宏盛印务有限公司印刷　各地新华书店经销

2020年10月第1版第1次印刷

开本：880×1230　1/32　印张：7

字数：121千字　定价：39.80元

前言

女孩天生比男孩娇弱，这是每个养育女孩的父母都知道的道理，为此，他们在教育的过程中，真的是含在嘴里怕化了，捧在手里怕摔了。这样过度呵护的女孩未来怎么能独当一面，又怎么能参与激烈的角逐与竞争呢？

还有一些父母，他们望女成凤，但在教育女孩的问题上，显得太过紧张，他们生怕女孩在成长的路上出什么差错，一旦女孩的行为出现偏差，他们就乱了方寸，有的父母采取说教的方式，有的则大声呵斥女孩听话。实际上，这些父母是否想过：你们要求孩子听话和了解你们的意思，但你们有没有了解过孩子的想法？

其实，过度保护、骄纵、呵斥都不是正确的教养女孩的方式，我们应该运用正面管教。所谓正面管教，美国教育学博士简·尼尔森对这一概念给出了阐述，他认为管教孩子要用和善而坚定的方法，而不是打骂，也不是溺爱和骄纵。

我们提倡正面教育女孩，就是不但要给她一个父慈母爱、温馨和睦的家庭环境，让她接受高品质的教育，还要教会她永远保持一颗安静清澈的心， 懂得欣赏，懂得辨别，懂得自爱与爱人。

当然，我们要想让正面管教起到应有的作用，让女孩更好、更健康地成长，首先需要父母调整好心态，不要过分宠溺和骄纵女孩，从点滴做起，帮助女孩进步。

其实，很多时候不是孩子离不开父母，而是父母离不开孩子。我们都想永远地保护自己的女儿，但是无论我们多么不舍，总有一天，她要离我们而去，她要走入职场、走入婚姻，为人妻和为人母，如果我们能给女孩一颗坚毅勇敢的心，能给她坚韧不拔的品质，能给她拼搏的勇气和能力，那么，无论她走到哪里，我们都能够放心。

另外，女孩的成长是一个漫长的过程，父母要有足够的耐心，付出足够的爱，才能养育出一个健康自信、聪明独立的女孩。

和以往的各种教育方式相比，正面管教的方式能开启女孩的智慧，塑造她健全的人格，让她拥有强大而丰富的心灵。这样，女孩才不易被外界的各种浮华和虚荣所迷惑，才有力量保护自己少受伤害，才可以在喧嚣红尘中气定神闲，安之若素。

编著者

2020年3月

目录

第 1 章

对女孩不宠不骂的正面管教方法

我们都知道，女孩本身具有男孩无法比拟的性格特征，如沉静细腻，谨慎缜密，这些都是女孩所特有的财富，使女孩免于粗糙浮躁，但同时这也是女孩的性格缺陷。女孩生性敏感，很容易因为外界的干扰而受到伤害，这就需要父母的悉心呵护，也不宜进行简单的否定、说教甚至抨击，而应在不伤害女孩感情的基础上，进行恰当的引导，帮助她们认清实质，把握正确的发展方向。

对敏感的女孩不适合简单的说教方式

小雅是个可爱且乖巧的女孩，无论是学习还是生活，妈妈从没操心过，但这个学期以来，妈妈发现，小雅变了很多，出门早、回来晚，还总有男同学给她打电话等。

小雅妈妈束手无策，迷茫无助。后来她到学校咨询了老师，从老师那里了解到，近来经常有高年级的同学来找小雅，而且上下学的路上总有一个男生与她同行。母亲似乎明白了，女儿可能在思想情感方面产生了波动，出现了早恋倾向。那么，小雅妈妈是怎么做的呢？

“一个学期以来，我与小雅的多次谈心、疏导，结合她父亲的耐心引导，让她懂得了‘喜欢’与‘早恋’的区别。其实，她对那个高年级男生只是有好感，只是喜欢而已，可以作为一般的朋友来相处，并使她真正认识到中学生在心理、生理、经济等方面都不具备谈恋爱的条件，把自己的精力完全投入到学习和生活中，才是现在应该做的。她开始调整自己的精神状态，积极地投入到学习中，几次月考的成绩虽不尽如人意，但她还是继续努力，终于在期末考试中取得了可喜的进步。现在我们更成了无话不谈的好朋友”。

不得不说，小雅妈妈是个有心人，没有对孩子劈头盖脸的询问，而是采取其他途径获得了小雅早恋的信息。其实，女孩早恋，就是女孩与男孩之间单纯的友情与来自成人的恋爱信息发生碰撞的产物，是对于成人世界的一种模仿，两者有着本质的区别。可能很多家长对此问题都是大惊小怪，生怕孩子误入歧途，无法自拔，然后采取说教的方式，希望女孩迷途知返，但父母忽视的是，女孩有其独特的性别缺陷，如脸皮薄、敏感，对其进行说教，会让女孩无地自容，这往往比置之不理更伤害她。

其实，无论遇到什么情况，作为家长，都应该用独特的方式教育女孩，而不应用简单的说教方式，毕竟，她不是男孩，不会大大咧咧地接受父母的说教。这就要求家长在日常生活中必须做到：

1. 尊重

父母在教育女孩时，必须首先认定她是“人”，既然是人，就应该充分尊重她的“人格”，不应该用简单粗暴和强制命令的方式来代替细致入微的思想工作。

2. 理解

父母必须认识到，任何人犯错误都不是故意的，更何况是一个未长大的女孩，她们对很多事情都处于认知阶段，不管遇到什么事情，都需要好说好商量，而不应该疑神疑鬼，动不动就斥责、恐吓，甚至不惜伤害女孩的自尊。要注意，女孩的自尊是不能伤害的。

3. 体贴

女孩的情感需求比较重，家庭作为唯一的、可供精神寄托的场所，必须满足她们生理的和心理的两方面需求，在没有疾病的情况下，她们可以省吃俭用，但精神必须是愉快的，心理上也是需要满足的，不能用单纯的金钱去填补精神上的空虚。

4. 引导

孩子犯错误并不可怕，可怕的是认识不到自己的错误，导致无法改正自己的错误，对待孩子的错误，父母要以鼓励和引导为主，惩罚为辅。

总之，父母在教育女孩的时候，切记，她是个女孩，是需要你疼爱的小公主，她害羞、敏感，不能用“一刀切”的教育方式来培养，给孩子信任、鼓励，才能培养一个健康向上的女孩！

做女孩的好朋友，倾听女孩的心声

在一次家访中，王敏说：“我妈回家我就进卧室，吃饭做作业我都待在自己的房间里，早上等她上班了我再上学，一天下来基本上可以不说话。”王敏这样形容自己和妈妈的生活。

“跟她说话很累，根本就说不到一块儿去。”王敏说，每次和妈妈说话，一开腔，就要“热闹”了。

“其实我们母女俩哪有什么深仇大恨，我说她也是为了她好，但孩子倒把我当成仇人、陌路人。”王敏的妈妈这样对班主任老师说，小时候女儿和自己的关系很好，女儿很听话，但似乎上了初中后，女儿的脾气就变得暴躁起来，刚开始还和妈妈对着干，后来，直接沉默了。

很明显，案例中妈妈和女儿之间的症结在于缺少沟通，而其中一个重要的沟通障碍就是她放不下做母亲的架子，与孩子之间形成了一种对抗，久而久之，孩子只能与她之间以陌生人的关系相处。

可能不少父母都认为，与女儿沟通，一定要让女儿听话，不然女儿很容易走错路，于是，他们在说话时尽量提高音调，以为孩子会听自己的话，但结果却常常事与愿违。

其实，假如我们能用心地与女儿沟通，多听听她的心声，让女孩感受到我们对她的尊重，亲子关系也许会好很多。

那么，我们需要怎样倾听女孩的心声呢?

1. 尊重女孩，放下做父母的架子

在现代教育理念中，普遍认同这样一个观点：“好的关系胜过好的教育”，可见，那些喜欢高高在上、用家长姿态来教育孩子的父母，是无法培养好的亲子关系的。

信任的前提是尊重和平等的关系，不然就无法进行良性的沟通，如果我们能尊重女儿的心理需求，倾听她的意见，允许孩子保留合理的自由和权利，从情感上接纳孩子，孩子才乐于向家长敞开心扉，乐于接纳父母的教诲。

2. 多倾听，先不急着发表意见

即使女孩的看法与大人不同，也要允许她有自己的想法。父母应考虑到女孩的理解能力，举出适当的事例来支持自己的观点，并详细地分析双方的意见。父母不压制女孩的思想，尊重女孩的感受，她自然会敬重父母。

3. 降低音调

女孩与男孩是不同的，她们内心敏感细腻，需要父母用爱教育，在与她们沟通的时候，如果我们能降低音调，与孩子平等对话，和颜悦色地与她讲道理，那么，女儿更易接受。因为降低音调能体现出对孩子的尊重、保护。反过来，若大声训斥，会让女孩产生一种心理错觉，她会认为你不爱她。

4. 分享女儿的感受

无论女儿向你们报喜还是诉苦，你们最好暂停手边的工作，静心倾听。若边工作边听，也要及时作出反应，表达出自己的想法或感受，倘若只是敷衍了事，女孩得不到你们积极的回应，日后也就懒得再与你们交流和分享感受了。

多用身体语言与女孩沟通

有一天，学校开家长会，会上，老师建议大家带自己的孩子参加一个夏令营，而夏令营的主题是——和孩子使用非语言的交流方式。

“那是什么啊？”一位妈妈问。

“在女儿小的时候，我们都愿意去抱抱她，亲亲她，那时候，女儿与我们的关系是那么密切，小家伙一天都离不开妈妈，可是，现在，女儿大了，我们照顾女儿的时间也少了，女儿离我们越来越远了，我们还记得每天晚上在孩子睡觉前亲一下她的脸颊吗？当孩子受到挫折时，我们有给孩子一个安慰的拥抱吗？”

“是啊，似乎我们把这些都遗忘了，我们要拾起那些被我们遗失的爱，孩子肯定还会重新回到我们的怀抱的……”

“是啊，那赶快去吧，明天训练营就要开课了，你们肯定会受益匪浅的。”

由此可见，非语言信息在沟通过程中是多么重要。可惜的是，非语言的沟通方式在亲子之间的沟通中，一直被忽视，不过，我们也要承认，这与孩子有一定的关系。

作为父母，不知你是否还记得，在女儿还小的时候，你把她当成需要保护的小公主，将她抱在怀中，哄她睡觉，当她受了委屈时，你曾为她擦去眼泪。但女儿长大以后，你是不是将这些表达爱意的方式都“搁浅”了呢？

的确，很多父母只有在女孩很小的时候，才会与她们产生身体接触，给她们拥抱，而孩子长大一点后便忽视了这一点。然而身体接触可以令孩子切身体会父母的关怀。同时也别忘了接纳孩子对你们的爱意。

那么，父母应该怎样试着与女孩使用非语言沟通呢？

1. 尝试接收女孩的非语言信号

当女孩小的时候，我们会留意她的一举一动，生怕孩子有什么不“对”的举动，当孩子不吃、不睡、不玩或精神不如平常集中时，在发现了线索之后，父母都会推测，或者直接感觉女孩的情绪状态反映了些什么，表达出对女孩的关心和爱护。

可是，当女孩长大后，父母除了关心女孩的学习成绩外，似乎不愿意再去体察孩子的内心世界。其实，越是长大的女孩，越不喜欢用语言表达自己的思想感情。有的时候，出于自尊心或是其他原因，她并不愿意或认为没有必要用语言说出她们的思想感情，但她们又很想让父母明白她们的意图，这时，她们会改用另一种表达方式对父母进行暗示。因此，生活中，父母一定要注意女孩的无言的行为，来识别或弄清女孩的动机或基本情绪。其实，凭借细致与耐心，做到这些是不难的。

2. 尝试着用语言表达你对女孩的爱

举一个生活中很简单的例子，你的女儿取得了好成绩，做父母的，需要赞扬、鼓励她，这时，如果家长单纯地用语言与孩子沟通，告诉孩子："女儿，你真棒，妈妈因为你而骄傲！"她也会很高兴，但是这种高兴劲也许没过多久就被她忘记；如果父母运用非语言与她沟通，微笑地走到孩子面前，给她一个拥抱，然后告诉她："女儿，妈妈为你而骄傲。"这样，她将永远记得妈妈对她的赏识和鼓励。

身体接触往往比语言能更好地表情达意。有时候，哪怕你一个鼓励的眼神和微笑，都会让你的女儿充满无穷的动力，因此，在生活中，父母尝试着用非语言的方式与女孩沟通吧。

用温和的方式帮女孩指出缺点

林女士是某公司的老总，但对于女儿的教育，她却束手无策，母女一见面就"掐架"，最后，在丈夫的劝说下，她和女儿终于答应听听心理咨询师的意见。

"为什么总是与妈妈作对？"

"因为妈妈总是像教训、指挥员工一样来对待我，我都感觉自己不是她的女儿，所以我总是生活在妈妈的阴影里。"女儿说。

这时，心里咨询师终于明白了，一定是这位林女士用错了教育方式。所以，咨询师和林女士也进行了沟通，林女士听后非常诧异，过了一会儿，她十分激动而又真诚地对女儿说：“女儿，你和我的员工当然是不同的，妈妈希望你更出色！”

听完这句话，咨询师立即给予纠正：“您应该说‘女儿，你真棒，在妈妈心里你是最优秀的，我相信你会更出色’。”

林女士不明白为什么要纠正，咨询师继续说：“别看这是大同小异的两段话，其实有着很大的不同，女孩是需要父母呵护的，前者是居高临下的指挥，后者是朋友式的赞美和鼓励，我觉得您在教育女儿上，不妨换一种方式，多一些引导，和孩子做朋友，而不是教训孩子！”

其实，这位母亲的教育方式，在中国很典型，她忽视了女孩的内心是敏感细腻的，对于女孩，也需要区别于男孩的教育方式，她常常以这样的口吻来教育女孩：

“你这个笨蛋，成绩怎么总是在中游徘徊呢！”

“这段时间你确实有进步，不过不要夸你两句就骄傲呀！”……

“不就是考了前五名吗，什么时候考个第一名让我看看！”

这些话会自觉或不自觉地流露出对女孩的俯视和责备，女孩长期生活在父母的教训中，会失去学习的动力和激情，而对于父母，他们也只能“唯恐避之不及”。

那么，具体来说，家长应该怎么做呢？

1. 转变思想，打破传统的家长观念

家长要想与女孩和谐相处，要想使自己与女孩的关系更加亲密，让女孩乐意与自己“合作”。家长首先要做的就是给自己“洗脑”，即打破那种传统的家长观念，不是挑女孩的毛病，而是不断使自己的思维重心向这几个方面转移：女孩虽然小，但已经慢慢懂事，她需要尊重；我的孩子是最棒的，她具备很多优点；允许女孩犯错误，并帮助女孩改正错误……

2. 放下家长的架子，做女孩的知己

有些家长认为，父母就是要有威严，他们为了维护自己在女孩心中的地位，会刻意与女孩保持距离，这让女孩一回家就感到压抑、气氛紧张。

事实上，我们不能过分看重父母这个角色，因为长辈意味着威严，意味着经验，但事实上，在如今飞速发展的现代社会，一些情况下，经验是靠不住的。不把自己当长辈，而是跟孩子一起探索、学习、互通有无，这种做法让我们在孩子的教育和沟通上变得更加自由和开明。

3. 让女孩“有话能说”，自己“有话会说”

与女孩交流时，我们要坚持一个双向原则，让孩子“有话能说”。比如，在和女孩交流的时候，无论她说得是否正确，你首先应该给予赞赏，表扬她给出的意见中的合理性，然后对其中不足的地方给予指正，这样，孩子才更有胆量和你沟通、更深入地交流。

同时，作为家长，更要“有话会说”，同样的道理，一味地命令和用道理陈述的效果是不同的，很明显，后者的效果会更好。如果能用通俗易懂的话说明一个深刻的道理，用简明扼要的话揭示一个复杂的现象，用热情洋溢的话激发一种向上的精神，孩子自然会在潜移默化中受到感染，明白父母的良苦用心。

不要让女孩做你的傀儡

相对于男孩来说，女孩更乖巧、听话，但她们并不是父母的私有财产，如果不给孩子自己决定和处理问题的权利，长此以往，女孩就成了你的傀儡，而结果是女孩要么没有主见，要么叛逆，这都不是父母所希望的，有谁不希望自己的女儿见多识广、独立、有主见、明智呢？但要教育出这样的女孩，不仅要让女孩拥有优越的品位生活，还要培养女孩的精神内涵，首先，我们需要记住的是，不强迫女孩听话，什么都强加给她。为此，家长需要明确几点：

1. 不要把你的观点强加给女孩

你越是将自己的观点和价值观强加于女孩，并自以为她会与你分享，那么她拒绝接受它们的可能性就越大，即便一个很小的孩子也是如此。

因此，家长要想办法弄清你女孩的想法。比如，你可以这样说："我喜欢这个想法，但重要的是你如何看待。"而不是说："太棒了，你不这样认为吗？"或者可以说："你怎么看待那个电视节目？"而不是说："那个电视节目简直就是胡说八道。"

2. 不要把你的兴趣和爱好强加给女孩

不少父母，尤其是那些在某方面有突出成就的父母，更希望女孩能继续发展自己的兴趣爱好，甚至按照自己的想法去规划她的人生，生活中这样的例子数不胜数：医生的女儿当护士，教授的女儿当老师……

父母总觉得自己是为了女儿好，而孩子想要有自己的一片天空，而父母的"独裁"只会把女儿从你身边拉走。中国的家长们太喜欢包办代替，操心受累之余还总爱不无委屈地说一句："我什么都替她想到了，能做的我都做了，我容易吗？"可是对于这一"替"，似乎女孩根本不领情，有的女孩还会有逆反心理，尤其是随着年龄的增长，女孩不但不领情，反而加剧了她们的逆反心理，尤其是进入青春期的女孩，她们更愿意固守自己的意志而拒绝家长的“好心”安排。

其实，父母的良苦用心可想而知，但有没有尊重孩子的兴趣，让孩子挑选自己感兴趣的东西呢？家长应该注意发现和培养女孩的兴趣。

大多数时候父母都会认为，女孩还小，很多事情她们不懂，我们选择的对她们才更有好处。殊不知，女孩虽小，她也有鲜活的思想和情感，有自己的兴趣。只有从兴趣出发，孩子才能自主地学习，才能学得又快又好，才能享受到学习的乐趣。

女孩似乎永远是父母身边听话的小丫头，但家长决不可认为女孩没有自己的想法和主见。爱护你的小丫头，就别让她做你的傀儡，而是给她一个温馨的生活氛围，这就要求父母通过洞察女孩的内心世界，用商量、引导、激励的语气和她交流，站在孩子的角度去考虑，而不是将自己的意志强加给孩子。也不要因为女孩尚小，就用命令的口吻对她说话，也不能随意斥责或辱骂孩子，更不要去嘲弄、讽刺孩子。

总之，父母不能用自己过多的欲望，让女孩生活在同一个情绪平台之上，而不能自由表达自己无尽的欢乐或者深沉的忧伤，这会让她感到窒息！

教育女孩不能口不择言

我们教育女孩，就是要让女孩懂得美，懂得欣赏，懂得辨别，也就懂得了自我保护，而不会被外界的种种所诱惑，才能让女孩成为见识多、独立、有主见、明智的智慧女性。众所周知，女孩生性比较柔弱，这不仅体现在生理上，也体现在心理上，这就要求父母从小给女孩一个健康、和谐、温馨的生活环境，要让女孩远离污秽、不正之风。

所以，教育女孩，家长不能口不择言，切记，有些话该说，而有些话决不能说。

丹丹小学快毕业了，她向妈妈要钱想买些纪念品送给要好的同学做纪念。本来这是非常纯真的感情，很难得。可妈妈说："留什么纪念，现在谁也不知道将来会是怎样，一转眼大家都各走各的了，等长大后再说吧。"

妈妈的这些话，言下之意是，只有用得着的人才有互相利用的价值，没有来往价值的人就不存在什么友谊。

由此联想到平时很多家长在女孩面前乱说话造成的后果：如，有的父母常对女孩说："学习好不好没有多大关系，如今硕士、博士都找不到工作呢。读那么多的书也不见得能赚大钱，尤其是女孩，还是学好如何赚钱的本领，如嫁个金龟婿，这样日子才会过得好。"别的女孩穿上了名牌衣服，孩子回家有羡慕之情，爸爸一听就理直气壮地说：“我们去买更好更贵的，再怎么也不能让孩子在别人面前丢面子啊！”……

尽管这些话是家长们不经意地说出口，但实际上却有意地“启发”了孩子，给孩子传递了一些不健康的信息或一些畸形的教育观念。虽然每位父母都不是完美无缺，但在女孩面前说话时，都应该留点神，不要口不择言。

在许多情况下，一些父母会将那些自私、世俗的观念传输给女孩，他们认为，我现在说的这些都是实话，以后她们进入社会也会遇到，现在告诉她们，也可以避免她们以后吃亏上当。

父母的初衷是好的，但女孩现在还很小，她还没进入社会，我们应该让孩子带着纯真的眼睛看世界，让她保持内心的纯净，她在步入社会以后，会懂得如何明辨是非，如何为人处世。过早地让女孩接触世俗的观念，会让她从小就变得俗气、小气和狭隘，那样对她的成长是没有任何好处的。

总之，家长要记住，女孩有其独特性，她不同于男孩，不可以“粗暴”待之，只有细心的呵护，不能忽视日常生活中的语言对其带来的影响，给予她健康的生活氛围，她才会形成积极的人格和良好的品质，才会健康地成长！

父母的疼爱让女孩更加自尊自爱

鲜花需要园丁辛勤的栽培和细心的呵护，美玉需要工匠耐心的打磨，同样，优秀的女孩需要父母的精心培育。那么，如何培养女孩呢？可以说，父母的疼爱就像是给孩子打的预防针，要像对待公主一样疼爱她，即使条件再差，也要让她开心快乐，这样长大了她才懂得自尊自爱，对别人的爱才有免疫力，不会轻易被诱惑，不会被爱所伤。

杨澜是我们很熟悉的主持人。

三四岁的时候，她住在上海的外婆家，舅舅经常带她去拍照，吃西餐，看最新潮的电影，外婆为这个事责备舅舅，说没必要为小孩子这么花钱，但是舅舅却说，女孩子就要见世面，看过外面的风景，才不会轻易被诱惑。

现如今的杨澜，优雅大气，气质淡定，魅力四射，举手投足间的韵味令无数人崇尚，是一道亮丽的风景线。

舅舅当时的举动，奠定了杨澜这一辈子的光芒。我们教育女孩，就是要让她开阔视野，增加阅世能力。见多识广，才更加懂得自尊自爱，不易被繁华所诱惑，不易被虚荣所俘获。一个女孩子，要让自己的“美态”长盛不衰，必须懂得自尊自爱。

自尊自爱是女孩心理发展中一个非常重要的心理问题，如何让孩子懂得自尊自爱、保护女孩的自尊心、疼爱孩子，是家庭教育中的一个重点。许多家长认为孩子小不懂事，她们没有自尊心、不懂得自爱，其实这是一种错误的家庭教育观念。

那么，家长应该怎样让女孩从小懂得自尊自爱呢？要知道，女孩的教育方式和男孩是不一样的，女孩需要父母的疼爱，以此为出发点，家长应该做到以下几点：

1. 要尊重女孩

要让女孩学会自尊自爱，请先尊重你的孩子。很多家长喜欢把自己的女儿与别家的女儿做比较，比胖瘦、高矮，比谁家的女儿吃得好，比谁家的女儿长得漂亮。有的家长喜欢在他人面前，对自己的女儿评头论足，更有甚者当着别人的面，诉说女儿的缺点。这些行为都是女孩不喜欢的，也是不尊重孩子的一种表现。

2. 家长要认识到，即使女孩还小，也懂得自尊自爱

有的家长认为女孩还小，哪里懂得自尊自爱。其实，她也懂得自尊，只不过不像成人那样抽象复杂。事实上，从3岁开始，女孩便有了自我概念，能够描述自己的身体特征、年龄、性别和喜欢的事情，如“我是女孩”“我两岁半了”等。3～4岁时，孩子已经能够评价自己，并能体验到自豪或羞愧，出现自尊的萌芽，如“我长得很漂亮”“我能讲很多很多的故事”。

3. 让女孩学会保护自己

家长可以简单地告诉女孩，尊重自己就是努力不让自己做

出令人难堪的事；自己的事情自己做；做错了要敢于改正；和别人说好的事情要做到，不能反悔。对于年龄尚小的孩子，日常生活中，家长应让女孩学会自我保护，如身体中的哪些部分属于隐秘部位，它是不能让人碰的；在被人欺负时不要忍气吞声，要及时勇敢地说出来等。

说服女孩要讲究方法

生活中，可能不少女孩的家长都遇到这样一个头疼的问题：孩子太固执了，想尽办法也说服不了她！其实，如果我们能找到女孩喜欢的沟通方式，让女孩在一开始就认同你，那么，她自然会接受你。

我们先来看看下面这位妈妈是怎么教育女儿的：

周末这天，妈妈带着小丽去商场买学习用具。

买完学习用具，正准备回家，走着走着，小丽看到了一条连衣裙，非要买，妈妈说该回家做饭了。

小丽非要买，这时候，妈妈蹲下来，对小丽说：“我的乖女儿，妈妈知道你很喜欢这条裙子，但你发现没，你已经有十几条这样的裙子了。你看，妈妈每天都要辛苦地工作，才能挣钱给你买这些裙子。女儿是不是应该体谅一下妈妈呀？”妈妈说完，小丽还是噘着嘴。妈妈一看小丽这样的表现，就继续说：“要不，等下周妈妈发了工资再给你买，好不好？”听到妈妈这样说，小丽高兴地答应了。

第二周的一天，妈妈下班后对小丽说：“妈妈今天带你去商场买那条裙子好不好？”但小丽却对妈妈说：“妈妈，我以后要做你的乖女儿，再也不乱买衣服了。”听到小丽这样说，妈妈欣慰地笑了。

这个案例中，小丽妈妈的教育方法值得很多父母借鉴。教育女孩，需要考虑到女孩的心理特点，她们更喜欢父母与她们讲道理，而不是采用粗暴的压制方式。因此，若你的女儿和你意见不合，孩子就是不愿意听你的话，你有必要采取正确的方式说服女儿。这样，能减少亲子间的冲突，并通过把决定权交给对方的方式，让孩子觉得受到尊重，因而作出配合的决定。具体来说，家长可以用以下几个方法：

1. 在平时的教育中就明确地告诉女孩能做什么，不能做什么

例如，当你带女儿去亲戚家做客的时候，你要告诉她，不能随便拿人家的东西，并告诉她，这是不好的行为。这样，在日后的拜访中，她便不会再提出这样的无理要求。

2. 多说“我”，少说“你”

为了能让女孩觉得你和她是站在统一战线、是为了她好，你在说话的时候，不要总说“你应该……”，而应常说“我会

很担心的，如果你……”。

3. 让女孩自己做选择题

例如，你想让女儿按时上床睡觉，但她就是想看电视，此时，你可以这样对女儿说：“宝贝，《喜羊羊与灰太狼》很好看，对吧？那你以后是饭前看呢，还是饭后看呢？”这样，用选择题代替是非题，孩子不论作出哪个选择，都能和你达成共识。

我们再举个例子，妈妈想叫女儿关上电视，去做功课，这时与其大吼“快把电视关了，去做功课”，不如说“宝贝，你是要先吃饭还是要先做功课”。这么一来，不论孩子作任何选择，妈妈都可达到让她离开电视机前的目的。

每个孩子都有自己喜欢的沟通方式，女孩也是，作为父母，我们要想成功说服女孩，就要从她喜欢的方式入手，并掌握一定的说服技巧，而不是把自己的观点强加给孩子，这样才能让女孩接受你的观点。

第 2 章

你知道女孩和男孩的生理与心理差异吗

正面管教女孩，就是对女孩的爱护，就是对其品质的精心培育。因为女孩的一些优秀品行不是与生俱来的，而是适应环境条件培养出来的。但在此之前，作为父母的我们，需要了解女孩与男孩在生理和心理上的差异，找到女孩成长中的先天优势和劣势，并据此进行扬长避短，培养出了不起的女儿。

任何时候都要相信自己的女儿

有人说，当父母其实是一连串自我修炼的过程，因为培养一个孩子，绝不仅仅给孩子充足的物质条件这么简单，还有教养和爱。而培养女孩，比男孩更难，我们若想培养出一个积极向上、不抱怨的女孩，就要让女孩在爱的环境中长大，让女孩始终感受到来自父母的信任，这样，她才有动力去尝试、有意愿去修正，努力把自己变成一个优秀的女性。

另外，在成长的过程中，对于女孩那些看似“脱轨”的行为，也要试着放手让女孩去尝试，更要相信她能把事情做好。相信你的女儿，就是相信你自己，这是对女孩也是对作为家长的你的肯定，倘若没有人对女孩的能力表现出最初的信任，认为她值得得到爱、支持和关注，任何女孩都不可能相信自己。

刘太太一度心情很不好，因为她和女儿的关系闹僵了。

事情的经过是这样的：

一天傍晚，刘太太下班回家，女儿告诉她自己想参加学校的朗诵比赛，而且一等奖是她梦寐以求的一款学习机。

“不去，妈妈给你买。”刘太太直接否决了，而当她话音一落地，女儿的眼泪就唰唰地淌个没完。看到女儿这样，刘太太更生气了！

"你认为你能行吗?"就这样，她一句，我一句，各说各的理，嗓门越说越大，声音越来越高。

最后，女儿丢下一句"你不相信我就是不相信你自己!"就直接摔门而去。

这位女儿的话不无道理，女孩是父母一手教出来的，对女孩能力的否定同样是对自己的能力甚至是教育能力的否定，只有相信自己的女儿，给她尝试的机会，她才有历练的机会，才会成长得更快。

相对于男孩，女孩的自尊心较强，她们更需要来自父母的信任和鼓励。然而，生活中，很多父母认为自己爱女儿，但却误解了什么是真正平等地对待自己的女儿，他们以为坐着和孩子讲话就是平等，其实那只是形式上的平等，事实上，他们并没有真正以平等的心去对待女儿，因为他们不相信自己的女儿。

家长要相信自己的女儿，就应该做到：

（1）相信她决断事情的能力、完成任务的能力、自己照顾自己的能力，以及当她足够大时负责任的能力。

（2）以她确信的方式向她表明你爱她、喜欢她。

（3）当心如下的想法："我以前没有得到过或不需要他人帮助，她也一样。"她与你是不同的。而且，没有得到他人帮助的人常常将之说成"不需要他人帮助"，以掩饰自己的失望。这就告诉父母，相信女儿，并不是对其放任自流，而应该给女儿足够的爱。

要做到以上几点，父母必须从爱的基点出发，发现、发掘、抓住、肯定孩子的每一个优点和每一点进步；相信孩子的表现形式和落脚点就在于对孩子的赞许、鼓励、夸奖、表扬……相信你的女儿，才是真正地爱她，女孩才能成为一个在信任和赞扬中成长起来的有能力的人！

女孩有哪些性别优势

我们都知道，男人和女人是完全不同的两种人，有人说，男人就像白菜，女人就像鲜花，这一比喻强调了他们之间的不同，意思是，鲜花不能和白菜比重量，白菜也无法和鲜花争芳香。虽然这种比喻并不是很贴切，但似乎很形象生动，其实，男人和女人的许多差异是与生俱来的，而且在童年甚至是婴幼儿时期就已经很明显了。

在女孩还很小的时候，她们就表现出了比男孩更多的优势，如她们比男孩的语言天赋更强，当男孩牙牙学语时，她们已经是个优秀的“社交家”、能与别人侃侃而谈了；她们比男孩更懂事，当小男孩还在为一件玩具和小伙伴打架时，小女孩已经能出面为他们调解了……然而，让你感到奇怪的是，为什么随着年龄的增长，小女孩的这些天赋慢慢减少，甚至消失不见了呢？

其实，这与女孩的发展规律有关。青春期之前，女孩的智力要比男孩发展得快一些，这时的女孩会表现出很多天赋。但到了青春期，由于受身体和情绪的变化等因素的影响，女孩的天赋会渐渐减少，但值得注意的是，这并不是影响女孩天赋发展的主要因素。

的确，相对于男孩来说，女孩的潜能体现在很多方面。有些女孩对色彩比较敏感，她们很早就可以握住画笔，按自己的意图画出喜欢的动物、花、草和小房子；有些女孩对针线、系小线绳情有独钟，看到妈妈织毛衣，做针线活，她们也会找些碎布织织缝缝；有些女孩天生有一双美丽、细长的小手，特别适合弹钢琴；有些女孩对书法感兴趣，泼墨挥毫，像模像样……当然，不同的女孩所拥有的潜能是不一样的，只要家长善于发现并引导，那么，它很可能成为让你受益终生的财富。

具体来说，女孩与生俱来的优势有哪些呢？

1. 性格优势：善良、温柔

女孩天生就是善良的天使，她们更富有爱心，在她们还很小的时候，就喜欢小动物，就学着像护士一样给病人打针吊水，她们更懂得关爱他人，这也是女性魅力的一个重要特征。

2. 情商优势：心思细腻、感性

可能有些人会纳闷：为什么看起来很平常的一件事，女孩会莫名流泪、感动，而男孩却无动于衷呢？这也是女孩的天性导致的。

在女孩的大脑中，负责表达和处理复杂情感（如忧伤和幻想）的区域更发达，相对而言，男孩的大脑中负责简单而直接情感（如恐惧和愤怒）的区域更大。

3. 思维优势：安静、细心

女孩具有细心、安静的天性，这是由她们的荷尔蒙决定的，当男孩还在为写不好字而着急时，女孩已经初显心灵手巧的潜能了。然而，作为父母，只有在成长期培养女孩认真细腻的性格，才能把这种细心转化为女孩的一种习惯，形成一种自制力。

4. 成功优势：耐心、专注

女孩更认真、踏实；男孩则更容易意气用事，更浮躁，无论是学习还是做事，她们表现出比男孩更稳定的情绪特征。

5. 处世优势：圆润、通达

女孩更善于跟人打交道，她们在很小的时候就已经开始表达友好了，会主动用糖果结交朋友，她们比男孩想得更周到；在关系的处理上，男孩表现得更加直接和具有对抗性，相对于口头表达而言，他们更愿意选择肢体语言。

总之，自女孩出生那一刻起，她们就拥有了一些男孩没有的优势，在富养女孩的过程中，只要父母善于挖掘女孩的天性优势并有目的地培养，就能成为孩子受用一生的财富。

女孩天生是优秀的“交际家”

在女孩的眼里，世界是以关系为基本构成因素的，当男孩还在牙牙学语时，她们已经能成功地用自己的语言天赋获得别人的好感了，可以说，女孩天生是优秀的“交际家”。家长教育女孩，其中重要的就是培养她们的情商。

女孩有没有社会交往能力，是她以后生存的重要方面，社会交往能力强者更容易走向成功。随着社会的进步，现在女孩的成长环境越来越优越，生活内容也非常丰富，这使女孩有了更多在外表现的可能，可是怎样使女孩更加顺利地融入新的团体之中，让女孩学习好，能力强，同时，人缘也好呢？作为家长，如何给女孩提供帮助或者怎样有意识地去锻炼女孩呢？该怎么培养女孩的社会交往能力呢？ 可以从以下四“不”着手：

1. 不“独”

有了好吃的、好玩的东西，要懂得与人分享，即使是听到有趣的故事，也可以讲给其他小朋友听，而这些，都需要父母从一点一滴入手，培养女孩愿意与人分享的意识和习惯。

2. 不“横”

宽容是女孩与生俱来的良好品质，在女孩成长的过程中，父母要继续引导女孩，让女孩对人对事保持平和的心态。每当她和他人发生不愉快时，不应一味地呵护，要让孩子先反省自己，看看自己有没有错，同时要多体谅别人，站在对方的立场上想一想。告诉女孩与人相处，要大方得体，不必斤斤计较。如果别人犯了错误，要善于原谅。

当然，要想让女孩具有宽容的心胸，父母在生活中要以身作则，身教的力量远远大于言传。

3. 不“讥”

有一些女孩在与人打交道的过程中，如果被人讥笑，要么反唇相讥，要么产生记恨心理，很明显，这样的女孩很难有良好的人际关系。女孩不但不能讥笑他人，面对他人的讥讽，也应该宽容以待，这样才会赢得更多的朋友。

4. 不违背原则

坚持原则的有力武器是敢于拒绝。

父母首先教会女孩哪些事要拒绝，如违背原则的事，自己不想做的事、毫无意义的事，对自己和其他人有害的事，都要拒绝，总的来说，一切违背了做人原则的事情坚决不做。不用担心别人说你不给“面子”。朋友应该互相理解、互相尊重，而不是完全放弃自己的追求，一味地去迎合另一方的好恶。所以，学会拒绝，不仅重要，而且必要，它能帮助女孩鉴别真正的朋友，保持友谊的本色，维持女孩的社交圈子的纯洁性。

总之，作为父母，我们要把培养女孩的情商当成对其培养的重要方面，随着年龄的增长，女孩的人际交往范围逐步扩大。人际关系中的矛盾，会使她们产生“困惑”“曲解”或“冷漠”等消极心理，并导致她们产生认识偏差、情绪偏差，进而做出不适应、不理智甚至极端的行为反应。因此，当孩子与他人发生矛盾时，家长要加强教育，指导女孩学会处理各种人际关系中的矛盾，家长要帮助她从那种被排斥的感觉中逐渐成长，因为每一个人独特的与别人相处的方式，都是经过一番努力才能获得的。教会女孩融洽地与人相处，女孩一样可以利用人际关系登上成功的宝座！

女孩有哪些与生俱来的劣势

我们都知道，没有完美的人，一个人有优点就有缺点，这是必然存在的。前面，我们分析过女孩有一些与生俱来的优势，其实，她们也有劣势，这些劣势，有些是女孩在成长过程中逐渐形成的，有些是与生俱来的。比如，女孩似乎在学习数学上更困难；她们的想象力不足；当男孩为了一个玩具打架时，她们更倾向于向长辈求助；夜晚她们甚至不敢独自回家；面对同桌考试成绩比自己好，她们更容易产生嫉妒心理等。但身为女孩的父母，我们在正面管教女孩的过程中，不但要挖掘和培养她们的优势，更要帮助她们找到自身的不足，并帮助她们将这些劣势转化为优势，那么，女孩就能逐渐完善自己。

不得不说，一个人只有了解自己的优缺点以及能力界限，看到自己的不足，才能有的放矢地进行弥补。那么，女孩与生俱来的劣势有哪些呢？

1. 情感特征比男孩复杂

在情感方面，女孩更复杂，男孩更直接。女孩更容易嫉妒、记仇，但依然不会选择强烈的对抗方式；男孩爱打架，在这方面却又很健忘，刚刚还是仇人，一会儿就成哥们儿了。

2. 空间思维能力相对较差

大脑中负责感知能力的部分，女孩明显不如男孩。

法国一项针对2岁孩子的对比研究显示，针对搭出积木桥这样的任务，有21%的男孩能做出，而只有8%的女孩可以完成。从儿童时代开始，女孩在空间思维能力方面就不如男孩，并且一直持续到成人阶段。

父母都发现，在科目的学习过程中，男孩似乎比女孩更擅长数学，包括其他任何几何领域。当然，能力和成绩是不对等的，数学成绩好的男孩固然比女孩多，但成绩差的也大有人在。

3. 胆小

男孩喜欢探索，调皮、好动，而女孩则害怕危险，加上她们从小到大都受到严密的保护，女孩就更胆小了。对于男孩的某些危险行为，如头朝下滑滑梯、在楼梯上玩滑板，乃至翻墙、跨沟等，在一般的女孩看来，他们简直疯了。

4. 身体活动性不足

男孩比女孩有更好的空间感，所以在运动能力上，女孩不如男孩，通常来说，女孩比男孩会晚三四个月才开始奔跑和跳跃。

在他们还小的时候，男孩就喜欢追着打闹，以此来获得欢乐；而女孩的活动性则不如男孩，她们更喜欢和毛绒玩具作伴，或者坐着看动画片等。

男孩的身体承受能力更强，女孩更柔弱，当然，这是由于男女身体构造不同导致的。

5. 压力承受力不如男孩

男孩和女孩面对失败时的态度也有很大差别。如果一次考试成绩差了，女孩会觉得是自己的能力不行，而男孩通常会说自己没有准备充分。

“人无完人，金无足赤”，尽管女孩存在一些与生俱来的劣势，但身为父母的我们，在孩子性格形成的过程中，只要帮助她们努力克服，她们就能逐渐提高。

0～6岁的女孩如何教育

不少父母都已经认识到正面管教的重要性，但不知如何具体实行这一教育方法。事实上，对于不同年龄阶段的女孩，教育方式是不同的，因为随着年龄的增长，她们的身体和心理都会发生变化，需要父母用不同的方法指引她们成长。有研究发现，对于女孩的教育，0～6岁没教育好，12~18岁的青春期教育就成了大难题。6岁是一个临界点，6岁的女孩面临着幼儿园升小学的过程，所以6岁以前用正确的教育方法教育女孩能为女孩的将来奠定扎实的基础。那么，6岁以前的女孩家长们该怎么教育呢？

教育专家为家长们提出以下建议：

1. 替女孩拿主意

作为家长，我们都知道，正面管教中要鼓励孩子自己拿主意，但这一管教方法对那些开始有自主意识的女孩比较有效，而对于0~6岁的女孩，让她们做决定只会让她们无所适从。

太多的选择会让女孩感到困惑。比如，如果妈妈这样问女孩："明天穿什么？"这个问题对于还处在形象思维阶段的小女孩来说太难了，她们往往不知道该怎样回答。但如果妈妈这样问她："宝贝，明天是穿绿色的连衣裙还是粉红的套装？"这样女孩就能很快做出决定。

其实，6岁以前，女孩有很多事都需要父母做主，如吃饭、睡觉、上学的时间等。

当然，在6岁之后，当女孩有了理性思维的能力，她就不再需要父母为她做决定了。

2. 和女孩多交流，关爱女孩

这个阶段的女孩对世界是好奇的，她们会有很多疑问，也渴望倾诉，作为父母，我们要与女孩多沟通，如当女孩从幼儿园放学回家后，我们可以跟她聊聊在幼儿园里发生的事情。家长要作为一个积极的倾听者，对于女孩的话题要表示出兴趣，要引导女孩多多发表自己的意见，多问几个“为什么”“你觉得呢”，而不是总在女孩还没说完话的时候，就抢着对孩子进行说服教育。这样做一方面可以增进与女孩的感情，另一方面还可以让家长多了解一些女孩的想法。

3. 理解女孩的情绪

婴儿时代，当孩子出现感情或身体上的痛苦时，她们的表达方式是哭泣，如尿布湿了，感觉到饿了、冷了，或者是孤独了都会哭。这时，由于孩子还不会表达，父母总会耐心地寻找原因，直到孩子不哭不闹为止。

其实，在小女孩学会说话以后，她们之所以哭闹、发脾气，也是有原因的，她们渴望父母的重视，如果你不理解，甚至责备她，她会觉得你不再爱她了。因此，我们一定不能否认女孩的情绪，不要总是这样说："打针有什么可怕的，真没用！""别装了。"

……

于是，在情绪被父母否定之后，女孩开始不愿意听父母的话，有时候甚至像男孩那样跟父母对着干。

与男孩相比，女孩要敏感得多，当她的感觉和情绪被父母否定之后，她的反应也比男孩强烈得多。因此，有时认同她的感觉和情绪，往往是促使女孩更乐意与父母合作的主要因素。

总之，对6岁前女孩进行教育，一定要从爱的角度出发，让女孩感受到父母的爱，她们才会信任你、尊重你，并愿意接受你的教育方式，进而顺利地进入青春期！

6～13岁，表达对女孩的理解

6~13岁，女孩逐渐告别了童年，进入青春期。而无论男孩还是女孩，一到青春期，他们的身体里都流着叛逆的血，面对父母的关心，他们要么不理睬，要么会顶撞，他们总是用各种各样的方式抵抗父母的教育。

作为女孩的父母，我们应该理解女孩，要知道，这个阶段的女孩是渴望倾诉的，随着年龄的增长，她们的心理也不断发生变化，心里积攒了好多秘密，想找一个“谁”来诉说，这个“谁”又会是谁？作为父母，如果不认同女孩，她们是不愿意接近我们的。

我们先来看下面这位妈妈是怎么和孩子沟通的：

一天傍晚，李太太正在做饭，女儿回家后就嚷嚷：“妈，从明天开始，我不去学校了，你别劝我!”

“为什么这么说呢？”李太太心想，女儿在学校肯定遇到了什么不开心的事。

“没什么，感觉不大舒服。”

“不舒服，哪里不舒服？怎么不早点请假回来呢？”

“不想耽误学习啊，你别问了，反正我不去。”其实，李太太心知肚明女儿有劲儿这么嚷嚷，怎么可能不舒服呢，一定另有隐情。

“可是，今天不舒服，明天不一定不舒服啊，要不，妈妈带你去医院吧？”李太太说这话的时候，故意露出一点笑容，女儿明白，妈妈看出端倪了，于是说：“妈，你女儿是不是很没用啊？”

“怎么这么说，我女儿一直是最棒的，有最棒的学习接受能力，待人温和，还疼妈妈。”

听到李太太这么说，女儿笑了，对今天遇到的事和盘托出：“妈，今天老师叫我们写一篇作文，我写错了一个字，老师就嘲笑了我一番，结果同学们都笑我，真没面子！”

此时，李太太没有说话，只是抱着伤心的女儿。女儿沉默了几分钟，平静地说：“谢谢你听我说这些事，我要去小胖家了，他还等着我一起复习功课呢。”

从这个案例中，我们发现，李太太是个善于与女儿沟通的母亲，当女儿说不想去上学时，她并没有对孩子进行批评和指责，而是循循善诱，让孩子道出了心事，这样的沟通才是有效的，才能帮助孩子疏解困扰。

我们不难发现，6~13岁的女孩已经进入青春期，她们开始封闭内心，不愿意跟父母沟通，而此时细心的父母们，都应该看到女孩的变化，并努力打开女孩的心结，让其敞开心扉。具体来说，父母需要这样与女孩们相处：

1. 和女孩做朋友

不要总是羡慕别人有密切的亲子关系，其实，只要你放下架子，做个开明的父母，也可以和女孩做朋友。

2. 站在女孩的角度，理解她的想法

当你和女孩产生意见分歧时，尽量控制好自己的情绪，不激化矛盾，试着换位思考。孩子毕竟还未长大，她的想法肯定有不成熟的地方。

3. 分享女孩的感受

无论孩子是向你们报喜还是诉苦，你们最好暂停手边的工作，静心倾听。若边工作边听，也要及时作出反应，表达出自己的想法或感受，倘若只是敷衍了事，孩子得不到积极的回应，日后也就懒得再与大人交流和分享感受了。

总之，对于6~13岁的女孩，我们要学会用“爱”的管教方式，让女孩感受到父母是理解她的，是能够从她的角度思考和解决问题的，是和她站在同一个立场的，那么，她一定愿意把我们当朋友，愿意与我们沟通。

13岁以后，父母如何引导女孩走向成熟

女孩到了十几岁就开始正式进入青春期，她们和男孩一样，也会产生逆反的情绪，这是一种正常的现象。对于这一难题，专家建议：“当家长真的是需要学习的。”尤其当女孩13岁以后，可谓是父母遇到的第一个巨大挑战：她们好像变得不像小时候那么乖巧听话，不再是偎依在妈妈身边的“小棉袄”，甚至还会出现一些让父母极为担心的行为，如逆反、早恋、逃学，情绪也不稳定，经常莫名其妙地发脾气等。

那么，针对这个时期的女孩，父母该怎么教育呢？

1. 承认并理解女孩在心理和生理上的变化

很多父母面对女孩生理上的一些疑问采取避而不谈的态

度，其实，这种做法就否定了女孩已经长大的事实。小时候，她可能把你那些搪塞的话当成真理，但现在，你这种教育孩子的方法很容易引起女孩的反感，于是，对抗情绪就产生了。

其实，你不妨大方告诉女孩人的身体的变化过程，双方坦诚交谈、沟通，正迎合了女孩要求平等对待的心理。

2. 放开双手，让女孩主动接触社会

女孩13岁以后，要求独立的意识越来越强烈，开始不依赖父母，自我主张日益增强，事实上，作为家长的我们，很多都没有做好这个过渡，没有认识到自己对女孩的管教方式应该改变，所以双方都觉得对方不可理解，冲突不可避免，因为一方要控制、另一方要反控制，女孩的叛逆情绪就产生了。

其实，做父母的，不妨放宽心，富养女孩，不要对女孩进行掌控，她并不会因为你放开手而学坏，女孩已经长大，她自己有辨别能力，不要强加干涉，越干涉越适得其反。

3. 认识到女孩的成长问题比分数更重要

这个时间段的女孩，主要任务还是学习，于是，父母会认为，学习任务重了，要让孩子把所有的精力放在学习上。当然，学习是学生的本职工作，但作为父母，你是否想过，孩子健康的成长才是最重要的。

其实，女孩的心理问题和家庭有着极大的关系。作为家长，把对女孩的关注全部放在学习成绩上，而忽视了女孩心理的成长，忽视她们的内心世界。其实，女孩的人格形成和心理、生理健康远比分数更重要。

4. 主动与女孩沟通，做开明开放的家长

这个时期的女孩很容易产生一些心理问题，很多家长把这些问题归结为孩子，实质上，这是女孩走向成熟的一种常见现象。对于这些问题，父母首先要对女孩持一个“开放的态度”，不要动辄就给孩子贴标签，相反，父母要主动与女孩沟通，要让她知道这些苦恼不算什么，然后和女孩一起讨论，看看用以往的生活经验能否解决？或者是否有其他的办法？

总之，女孩在13岁以后，父母不要再对其进行管制式教育了，爱她，就是要让其自由地成长，并对其巧妙引导，只有这样，女孩才能感受到来自父母的爱和尊重。

别让性别的差异耽误女孩的未来

现代社会，女性早已和男性一样在各行各业崭露头角，但不得不说，依然有一些负面舆论认为女孩“不能做这个，不能做那个，怎么能和男孩子比，读再多的书以后也要嫁人”，女孩的一些天赋和能力就这样被磨灭了。

通过调查研究发现，在我国农村，依然有不少女孩辍学的现象，一般成绩较差或中等的女孩辍学的多，成绩优秀者辍学的少；农村女孩辍学的多，城镇女孩辍学的少；家长文化水平低辍学者多，家长文化水平高辍学者少，在初中辍学女生中，其家长87%是小学以下文化水平；一般家庭收入低辍学者多，家庭收入高辍学者少；一般女孩年龄偏大的辍学的多，年轻较小者辍学的少。

造成这些现象的原因主要是有些家长认为女孩读书无用，能读到小学毕业或初中毕业就可以了，甚至有个别女孩小学还未毕业，就被父母要求外出打工，如到外地当保姆或到饭店、酒店打工。

还有，很多家长片面地认为女孩不适合或者在某些方面不可能有突出的成就，于是杜绝女孩在某些方面的发展，这也是一种错误的教育方式。

其实，正面管教女孩，首先就要平等地对待女孩，给女孩平等的受教育机会，尊重女孩的选择，并相信女孩和男孩一样能做好自己想做的事情。

丹丹数学成绩一直不好，妈妈也觉得女孩子要把数学学好很难，所以，最近她把女儿的学习交给丈夫管了，但奇怪的是，不到一个月，丹丹的数学成绩突飞猛进，妈妈很奇怪，就问丈夫怎么回事，丈夫说："其实，我什么都没有做，也没帮她。我只是让她对自己有信心，让她明白她可以做得一题不错。她做作业，我坐在旁边看着，如此而已。”“老婆，你应该对咱们的孩子有信心。”大夫的一席话让妈妈明白，相信孩子，孩子就有自信做好。

女孩娇弱，但不是无能，作为家长，不要给女孩贴上弱者的标签，女孩和男孩一样能出色地完成任务，案例中的丹丹就证明了自己的能力，这给对孩子性别不满意的家长一个启示，女孩的确是女性，但也是一个具备无穷潜质的人，这些潜质，只要家长合理开发，就能产生无穷的能量。

父母在肯定女孩的性别后，还要给女孩尝试的机会，父母对孩子要充满信任，要适当放开，让孩子自己去走路，去尝试，去犯错误，这对于女孩是一种锻炼，是一种成长的足迹。在被父母肯定和信任以后，女孩会以自己的方式尝试生活中的百般滋味，也会因为父母的信任而做得更加出色。

第3章

尊重女孩隐私，千万别做专制独裁的家长

我们都知道，对于成长中的女孩来说，她们的世界和我们成人是完全不同的，她们的看法与我们也不同，而对于女孩，我们只有先尊重她们，才能获得她们的尊重。尊重女孩，先要从尊重她们的隐私开始，然后尊重她们的个性、兴趣、看法等，只有这样才会教育出独立和有主见的女孩。

女孩的自尊心要从保护其隐私开始

隐私，是每个人藏在心里，不愿意告诉他人的秘密。每个人都会有自己的隐私，成长中的女孩也不例外。随着女孩年龄的增长，她们的自尊意识也在不断增强，作为女孩所特有的隐私急需父母的保护。然而，一些父母认为，孩子的命都是自己给的，哪存在什么隐私，他们总认为自己可以无所顾忌地进入女孩的世界、随意闯入女孩的“隐私地带”，甚至粗暴干涉，私拆女孩的信件、监听电话、偷看日记等。父母要明白，每个女孩都有自己的自尊心，尊重女孩的隐私是保护孩子自尊心的开始。

有天早上，丹丹走在上学的路上，突然想起来昨天晚上做的作业忘记带了，于是急忙又掉头往家跑。当她掏出钥匙打开家门时，看到妈妈正从自己的房间里出来，脸上带着不自然的表情。

丹丹走进自己房间去拿作业本，推开房门，她愣住了，她看到自己书桌的抽屉全部敞开着，自己的日记本、同学们送的生日礼物及贺卡等全都胡乱地散在桌子上。

丹丹非常生气地质问妈妈：“你为什么翻我的抽屉，随便动我的东西？”

没想到妈妈却比她还生气："怎么了？当妈妈的看看女儿的东西还有错吗？"

"可是你应该经过我的允许才能看啊！"丹丹很愤怒地回答妈妈。

"小孩子有什么允许不允许的，别忘了我是你妈妈，好了，快去上学吧！"妈妈毫不在乎地对丹丹说。

偷看女孩的日记、检查信件、追查电话、查阅短信、翻查书包等，这些都是小事。他们认为女孩毕竟还小，他们这样做是在关心孩子，一切都是为了孩子的成长，防止孩子走入歧途，以免孩子一步走错步步皆错。父母看似关心女孩，而孩子，虽然有的会了解父母的初衷，但是，父母的这些行为，都是对女孩的不信任、不尊重，伤害了女孩的自尊心，让孩子感到不舒服。于是，这些孩子对父母偷看她们的日记、私拆她们的信件很反感，甚至有些女孩还给自己使用的抽屉上一把锁，总之，父母和女孩之间树起了一道鸿沟。

其实，女孩的自尊心远比男孩强，尤其是到了一定年龄阶段的女孩，更渴望独立和别人的尊重。她们的内心变得敏感起来，感情变得细腻起来，会产生许多想法，原先敞开的心扉渐渐关闭，有了自己的隐私；而且，即使她们有不少话想说，但观点已经与父母有所不同了，于是她们与父母的心理沟通就会明显减少，转而把自己的"秘密"和内心的感受都倾诉在日记里。

这时，如果父母采取强硬和蛮横的手段，想方设法去查看孩子的日记、偷听孩子的电话等，无视女孩的感受，随意侵犯她的隐私，则会带来许多负面影响，甚至产生意想不到的后果。

作为一个敏感脆弱的女孩，最不能伤害的就是自尊。在家庭中建立亲情乐园，要从尊重女孩，尊重女孩的隐私开始，让女孩有一种被保护的感觉，被幸福感包围的女孩，才会长成为心理健康、懂得尊重的好女孩！

自尊才能自信，父母必须给女孩尊严

自尊是人活于世的根本，自尊才能自信，才能自强，对于成长中的女孩来说，懂得自尊，方能自信。而作为父母，虽然无法给女孩天使的翅膀，但一定要给孩子尊严并维护这种尊严，才能培养出一个骄傲、自信的孩子！

我们说的正面教育女孩，其中重要的一点就是要让女孩做个自信、骄傲的人，这不仅要给孩子优越的生活环境，让她接受好的教育、开阔她的视野，增加她的阅世能力，增强她的见识，还要让孩子以健康的人格和心态去迎接未来的社会，而自信必不可少。让孩子做到自信，就必须让她有自尊心，而这种自尊心的培养，则需要父母主动沟通。

可是生活中，一些父母认为，只要给女孩最好的物质生活，她就会幸福，当孩子情绪不对或者陷入困境的时候，不是采取鼓励的措施，而是打压或者生硬的斥责；也有一些父母，总是希望自己的女儿能按照自己的意愿行事，结果导致孩子叛逆、自卑等，其实，这都是对女孩的不尊重，也伤害了女孩作为人的尊严。要想让女孩成为一个真正骄傲、自信的人，家长就要给足她尊严，这样她才会自信。那么，具体说来，家长可以从以下方面入手：

1. 尊重女孩的个性

每个女孩都是与众不同的，如同我们不可能找到两朵相同的花儿。每个女孩都有不同的感受事物的方式、玩耍的方式、思维的方式、学习的方式、享受的方式。正是这些“个别的特性”使她成为一个“独特”的人。

因此，家长要尊重女孩的个性，就应该对其内在品性的各个方面进行更为明确的理解，真正地了解你的女孩，才能根据其个性打造其独特的人生，让她更自信地生活。

2. 尊重女孩的喜好和兴趣

正如上面所言，每个女孩都是不同的，因此好恶也是不同的，家长要了解她的好恶——她喜欢吃的东西和不喜欢吃的东西；她最喜欢的运动、课余消遣和活动，她喜欢的衣服，她的特长，她喜欢逛的场所以及最有效的学习方式。迎合孩子的喜好，才能让孩子接受家长的培养方式，也才能更自信。

3. 尊重女孩的观点，如多和孩子交流，听听女孩的心声

“我爸爸非常专横。他不和别人讨论任何问题。他只是表明他的观点并宣称其他人都是愚蠢无知的。他总是试图告诉我该思考什么，如何做每一件事。小时候不懂事，我以为爸爸是对的，可是长大后，他还是这样，到最后我只能对他的任何话都充耳不闻。”

这是一个10岁女孩的心声，或许这也是很多相同年纪的女孩的心声。做父母的很容易因为自己的身份和智慧而变得过于自信，而在毫无察觉的情况下做出一些宣告、决定和断言，压制了女孩日益成长的寻求自身对事物独立看法的要求。这实际上是让她依照你的观点和价值观来生活。这种“统治方式”造成的结果无非有两种，女孩的叛逆或者自卑、没主见、不自信。

家长要明白，你越是将自己的观点和价值观强加于她，并自以为她会与你分享，她拒绝接受它们的可能性就越大，即便一个较小的孩子也是如此。

以上这些方式都是家长应该学习的，女孩的自尊是需要家长悉心呵护的，用正确的方式与之沟通并引导她的行为，才不会伤她自尊，这也是让女孩维持自信的最佳方式！

叛逆期女孩的隐私如何维护

张女士一直以自己有个乖巧的女儿感到骄傲，但不知从什么时候起，女儿好像变得孤僻了，再也不愿和自己包括周围的长辈们说话了。

最近一段时间，张女士还发现，女儿的书包里好像多了一本日记，难道女儿有什么秘密？不会是交了男朋友吧？怀着强烈的好奇心，一个周末，张女士趁女儿不在家，看了日记，令张女士意外的是，女儿并没有什么秘密，日记的内容只不过是学习压力的倾诉以及与好朋友相处过程中遇到的问题。

看到这些，张女士悬着的心终于放下了，但从这件事之后，细心的女儿居然给日记上了锁，这让张女士又产生了很多疑问。

的确，日记引起的冲突通常是一个令人伤感的话题。孩子们因父母要查看日记而愤懑苦恼，令家长们坐卧不安的则是：孩子竟然把日记锁了起来！而实际上，有时候，孩子写日记，并不是孩子有什么见不得人的秘密，只是他们认为自己的隐私应该受到尊重。

到了青春叛逆期，每个孩子都希望父母尊重自己的隐私，女孩也是，不少女孩有这样的心声："最讨厌的事情就是父母偷看我的短信。""上网聊天也要偷着瞧，一点自由都没有，真烦。”然而，家长们却左右为难，“我们不看的话，怎么知道她是怎么想的。”“女孩需要保护，不看怎么知道有没有结交坏人”，那么，如何在家长的知情权与女孩的隐私权之间取得平衡呢？

1. 用正确的态度看待女孩的隐私

任何人都有自己的秘密和隐私，不希望被别人知道，父母应该知道，女孩有秘密也是正常的事，如她们在成长过程中的如意和不如意、成长经历等，没有什么值得大惊小怪。其实，孩子也是一个独立的人，她们也有不想被人知道的隐私。如果父母换个角度来考虑，女儿偷看了父母的秘密，父母的感觉又怎样呢？

因此，父母只有把女儿当成一个独立人来看待，保持孩子和自己在人格上是平等的心态，才会尊重孩子的隐私。

怀着这样的心态，父母就能从容面对女孩的秘密和隐私。当发现女孩给抽屉上锁、给电脑设密码时，就不会草木皆兵、如临大敌。

2. 要注意引导方法

父母的出发点是好的，他们担心女孩出事，有时也确实是为了更多地了解女孩。但是，侵犯隐私是不可取的。

其实，对于女孩成长中的问题，重在引导而不在干涉，最好通过平等对话，交流情感，让女孩主动敞开心扉，把内心的秘密告诉父母。亲子间多沟通，通过沟通了解女孩心中的秘密。尽量帮助孩子减少不必要的秘密，以减轻她们的心理负担。

3. 培养女孩对自己的信任感

信任感的建立，是从生活中的一点一滴积累起来的，如我们要兑现对女儿的承诺，如果无法兑现，也要说清理由。再如，承诺为孩子守口如瓶，另外，平时多和孩子谈谈心，学会信任孩子，家长们应当将孩子看作一个完整和独立的人，学会尊重孩子，理解孩子。

因此，作为父母，要主动改变观念，改变单一管理孩子的方法，别再把女孩当成你的附属品，而应把她当成一个具有完整人格的独立人来平等看待，尊重孩子，从尊重孩子的隐私开始！

给女孩发表自己意见的机会

当今社会，女性已经和男性平起平坐，可以畅所欲言地发表自己的见解和意见，其实，女孩自出生开始，就有发表意见的要求，如用手去触摸自己喜欢的东西，不喜欢有些长辈抱自己时，就大声地哭闹，对于此时女孩的这些行为，父母一一接受了，可是随着年龄的增长，父母为什么又把这种自主权搁浅了呢？压制女孩发表意见，就是压制女孩的主见，这对女孩的成长是极为不利的。

其实，女孩要求发表意见、要求自主的意识是随着年龄的增长越来越强烈的，父母要给予孩子尊重，给她发表意见的机会，而不能压制。

然然是个很有想法的女孩，她说："我已经4岁了，不再需要别人告诉我该做什么、该怎么做，我想自己做主，掌握一切事情。""妈妈要我上床睡觉时，可我不想睡，有一个好办法可以拖延时间，如不断提出问题，妈妈没回答完，我就不必睡觉。"然然希望自己控制睡觉前的活动，于是会选择性地要求妈妈讲故事、唱儿歌给她听、陪她在被窝里玩一会儿，或者再回答她一个问题等。

案例中然然的表现就是这个年龄段女孩要求自主的外在反映，是孩子要求父母接受自己意见的方式。

随着年龄的增长，女孩能从环境中慢慢地体会到"权力"的存在，也相信自己有运用"手段"的能力，如利用提问题的方式规避睡觉；在这种情况下，她感觉到自己的权力受到了肯定，甚至感觉到父母对自己的重视和无奈，相反，她很开心。父母对女孩的这种"自主"的要求，应该感到开心才对。毕竟，要培养出一个有判断力、责任感的女孩，前提是父母必须懂得权力的授予。所以说，女孩希望自己决定上床的时间，父母可在接受的范围之内，给予她一定的权利，这样才是双赢的做法。

具体来说，父母应该注意以下几点：

1. 不要压制女孩的想法

父母当然比女孩拥有更大的权力，但过分压制她的想法，结果是造就一个本性温柔但却没有主见、没有责任感而且脾气暴躁的女孩。

其实，孩子拒绝父母要她做的事，不是要反对父母，只是想对自己的事有主导权。如果父母理解并尊重这一点，那么，对女孩的发展是有利的。

2. 支持女孩在小事上自己拿主意

其实，家长可以支持女孩自己管理自己，并提醒她界限何在。当孩子做选择时，她觉得自己的确享有主导权，这一点会令她开心。

3. 父母保持适当的权威

父母应将自己的权力保留在适当范围内，不要将它过分延伸到孩子身上。但同时，也要让孩子尊重父母的权威。尊重孩子的权力发展的同时坚持对孩子有利的一些原则。

比如，孩子选择了8:45上床睡觉，但时间到了，她仍不肯上床，这时你要严格要求她："因为你今天答应的事情没有做到，所以明天你没有选择，一定要在8:45上床。"家长说出口的话，一定要严格执行。

总的来说，父母要从日常生活中的一些小事入手，学会让女孩独立地发表自己的意见，让女孩学会独立思考，慢慢地，女孩就形成了遇事靠自己的习惯，也就有了自主、独立的能力！

培养有主见的女孩

作为父母，我们正面管教女儿的一个重要指标就是培养有主见的女孩，因为一个有主见的女孩，能明白什么是自己真正想要的，在欲望面前，能保持独立的思考能力，也就能拒之于千里之外。

然而，成长期尤其是学龄前的女孩很多是以自我为中心的，作为家长，如果不能体察她们的内心世界，不尊重她们的自主要求，一味按照自己的想法为她们规定一个学习和生活的模式，孩子的依赖性就会越来越强。这样的孩子长大后，很可能会变得优柔寡断、遇事毫无主见。那么，在日常生活中，家长应如何培养一个有主见的女孩呢？

1. 给女孩表达意愿的机会

相当一部分家长害怕女孩走了错路，习惯于事事为女孩做出决定，而少有征求女孩的意见；一旦女孩不遵从，就大加责备。其实女孩也有自己的想法，家长在任何时候都要注意让孩子充分表达自己的意愿。

对此，家长要告诉女孩不能买的东西坚决不买，而想要的东西，不一定非要得到，同时，她的东西，尽可能让她自己选，女孩都有自己的一些兴趣和爱好，不过，父母还是要最后把关的。比如，女孩选的东西太贵，就告诉她，这个太贵了，我们买不起。孩子就知道要换一个便宜点的。

2. 用启发式的话语代替命令

很多家长在要求女孩做事时，往往喜欢使用命令句式，因为他们认为，女孩天生是听话的，应该由别人来决定她的一切，如“就这样做吧”“你该去干……了”。而这种语气会让女孩觉得家长是说一不二的，自己是在被迫做事，即使做了心里也不高兴。

家长不妨将命令式语气改为启发式语气，如“这件事怎样做更好呢”“你是否该去干……了”，这种表达方式会让女孩感觉到家长对自己的尊重，从而引发女孩独立思考，按自己的意志主动处理好事情。

3. 耐心倾听女孩讲话

耐心倾听女孩讲的每一句话，鼓励并引导女孩自由地表达思想，既体现了家长对女孩的尊重，同时也能有效地培养女孩的自主性。

4. 随时随地自主选择

家长对女孩自主选择的尊重，可以随时随地体现在最简单的日常生活中：

（1）吃的自主。在女孩长到一定年纪后，在保证女孩营养均衡的情况下，可以让孩子自己选择吃什么，如在饭后水果这一问题上，我们不必要求女孩今天吃苹果，明天吃香蕉，可以让孩子自己挑选。

（2）穿的自主。女孩子爱美，这点父母要理解，当女孩出门要换衣服时，在保证健康、安全的前提下，也可以让孩子自己挑选穿什么衣服，不要一味地将我们的审美强加到孩子身上。

（3）玩的自主。一些女孩在玩游戏时，喜欢用自己的方式来体验游戏的乐趣，而不想被家长干预。对此，家长可以让女孩自己选择玩具和玩法，这样可以极大满足她的自主意识，有助于她成为一个有主见的人。

作为女孩，情商培养应是第一位，智商培养应是第二位，要想女孩有主见，家长就要尊重女孩的要求，并在生活中慢慢引导。总之，父母要记住，一个有主见的女孩更能控制自己的欲望，更有自制力！

让女孩对自己的行为负责

为人父母，我们都知道责任心对于一个人的重要性，其实，责任心并不是男孩的专属品质，女孩同样有责任心。责任心是一个人安身立命的基础，女孩如果养成做事不负责任的习惯，就会导致更多地重视行为过程本身，而不太重视行为结果。

其实，在女孩还小的时候，她们也渴望尝试，而这正是一种责任心的萌芽。例如，孩子自己要求独立吃饭，试穿衣服，手脏了自己洗……父母应该密切关注她，扶植她，鼓励她，而不是帮她去做。幼儿在尝试的过程中，能培养意识，增强自信。那么，家长怎样培养女孩的责任意识呢？

1. 让女孩主动承担一些家务，让她明白什么是家庭责任

一位妈妈说，女儿从五岁开始就负责给家里倒垃圾。她和妈妈一起出门，看到妈妈手上东西比较多，就主动接过垃圾，妈妈表扬了她，她很开心，就主动承担了这一家务。妈妈不断地夸她能干、勤快，这样，激发了孩子主动倒垃圾的自豪感，并慢慢地形成了习惯，把这项劳动看成一种责任。

其实，女孩也是家庭成员中的一分子，承担家务就是培养她们责任心的重要方法，虽然事情不大，但能让孩子看到自己在家庭中的作用。当孩子认真完成了自己的家庭任务时，应给予及时表扬，如果失职了，也应该批评和惩罚。只有这样，才

能让孩子不以自我为中心，强化自己对他人的责任，对周围环境负责。

把女孩雕琢成一个有责任心，目中有人，对自己的行为负责的人，就应该从生活中的小事做起。

2. 学会放手，让女孩自己处理自己的事

父母与其随时叮嘱孩子该做什么，还不如让孩子自己记住要做的，那样，孩子会为记得提醒自己而开心，慢慢地就学会了对自己的行为负责。女孩只有学会对自己的事情负责，才能逐步发展为对家庭、对他人、对集体、对社会负责。

又如，当你的女儿损坏了别人的玩具，一定要让孩子再买一个赔给人家。也许，对方会认为损坏的玩具不值多少钱，或认为小孩子损坏玩具是常有的事，或者因为其他原因而不好意思收下女儿的赔偿。但从培养女孩的责任感出发，还是要说服对方收下，这样可以让你的女儿知道，谁造成不良后果就该由谁负责，每个人都该为自己的行为负责。

3. 引导女孩把事情做对

因为年幼的女孩做事时往往是凭兴趣的，对她要求不明确，女孩便不会坚持下去，因此，要让孩子对某件事负责到底，必须清清楚楚地告诉她做事的要求。例如，把洗青菜的活儿承包给女孩，做好了可以表扬她："我自己都没你做得那么好！向你学习！"要是孩子没有做好，也要告诉孩子："没洗干净的菜不能吃，否则，会吃坏肚子的。”这样，她才会知道，自己的行为是要自己负责的。

4. 父母以身作则，为女孩做好榜样

“言必信，行必果”，这样才能树立威信要求孩子负责任，才能让孩子有模仿对象。

女性是社会的半边天，培养女孩的责任心，让女孩对自己的行为负责，也是为了孩子在不断的锻炼中形成有主见的能力，毕竟，“吃一堑长一智”，让女孩学会负责，慢慢地，她也就学会了承担。

重视培养女孩的自我认同感

有位家长这样陈述自己的教女经历：

“我女儿从两岁时，就希望自己是个男孩，为了让女孩喜欢自己的性别，我首先带女儿逛儿童服装店，欣赏女孩服装，看到色彩鲜艳、款式多样的女童装，女儿恨不得让我把所有服装都买回家给她穿。我再带她到外婆家看表哥的衣服，一对比，孩子就发现：男孩的衣服不如女孩的好看。我说：‘要是变成男孩了，只能穿和表哥一样的衣服了。’女儿似懂非懂地点点头。晚上洗澡的时候，我还对她说：‘我们女孩还很讲卫生，从来不随地大小便。’洗完澡，我给她穿上漂亮的裙子，让她照镜子，欣赏自己。我说：‘做女孩多好哇！妈妈帮你变成男孩吧，把你的漂亮衣服送给别的小朋友吧。’‘不要！’女儿急着叫起来。”

很明显，案例中这位妈妈是个有心人，她之所以引导女儿爱上女孩子的服装，就是为了让女儿认同并且喜欢上自己的性别。对性别的认同是自我认同感的一个方面，的确，一个人只有喜欢和认可自己，才有可能被人喜欢，才会有勇气和自信去赢得别人的认同。

每一个人都需要自我认同感，对于成长中的女孩也一样，但实际上，很多时候，自我认同感的缺失，是父母的教育造成的，如从小给孩子贴上了“弱者”的标签，把孩子的缺点当成娱乐的对象，对孩子大加指责等，都会让孩子有一种“无用感”和“自我否定感”。长期生活在这种心理状态笼罩下的孩子，是很难有勇气和自信的。

那么，家长该怎样做才能让女孩喜欢自己，并且逐步建立起勇气和自信呢?

1. 让女孩喜欢自己的性别

这是最基础的，只有先获得身份的认同，才能让女孩以自己的性别身份生存、生活、与人交往，从而赢得一种自我价值的肯定，对那些不喜欢自己性别的孩子，家长一定要采取措施及时引导，案例中的这位母亲就是我们学习的榜样。

2. 鼓励女孩结交朋友，赢得友谊

朋友们认可她，帮助她产生归属感，因为他们告诉她她讨人喜欢，被人喜爱。他们经常分享她感兴趣的事物，陪她打发时光，为她带来快乐，让她建立身份认同。她会想："和这样的人做朋友，我就是像他们一样的人。"所以说，友谊的获得，对于女孩的身份认同、建立自信、培养社交能力及给她带来安全感，都是非常重要的。

3. 告诉女孩："自信源于成功的暗示，恐惧源于失败的暗示"

积极的暗示一旦形成，就如同风帆会助你成功；相反，消极的心理暗示一旦形成，又不能及时消除，就会影响一生的成功。

总之，作为父母，我们是女孩人生路上的引导者，女孩在成长中，难免出现一些消极心态，父母要给予及时的排解。培养出一个勇敢、积极的女孩，是父母给孩子一生最好的礼物！

支持女孩自己做决定

不得不说，现代社会，女性已经不再作为男性的附属品而存在，而是和男性平等地站在一起，已经很少有性别制约。但我们不能否认的是，女孩在自主意识和能力方面，还有待加强。其中重要的原因之一就是父母对女孩的过度保护，他们总是替孩子做选择。于是，女孩只能按照父母的决定去做，久而久之，她会感到越来越窒息。

可以说，替女孩做决定，干预了女孩的成长过程。

女孩自打出生以后，自主意识会越来越强，有一种想要自己做决定的愿望和要求，如果女孩的这种需求长期得不到满足，很可能导致其产生消极的自我评价，而这一点可能会深植于她的内心。长大以后，女孩可能会缺乏判断力和选择的能力，缺乏责任感，凡事依赖，缺乏主见。

培养女孩的主见意识，需要父母对女孩从小放手，让孩子自己做决定，即父母给孩子制定一个基本的底线——认真生活不做坏事，然后放手让孩子去决定自己的人生，只在非常有必要的时候才帮孩子。

那么，具体家长们该如何培养女孩的自主意识呢？可以从以下几方面着手：

1. 让女孩自己去选择

作为成年人，父母幸运地拥有大量的选择机会，可以更好地控制自己的生活。而女孩作为未成年人，也应该拥有选择的机会。

现代社会，竞争越来越激烈，女孩必须能够做出有根据、负责任的决定。如果女孩了解自己的喜好，对自己的喜好充满信心，足以顶住外部的压力，并且能够全面考虑她做出的选择可能给自己及他人带来的后果，她就会做出更加正确的决定。作为父母，应该尽可能帮助女孩培养这些思考和反思的技能。

2. 尊重女孩的意愿

做父母的应当尊重女孩，把她当作家庭中平等的一员来对待，要尊重她在家庭中的地位，任何涉及女孩的事情，应尊重或听取她的意见。要尊重女孩的见解，甚至当你不同意时，也要以商量的口吻表示对孩子的尊重。例如，对话时，不要中断或反驳孩子；不要干涉孩子自己喜欢的方式等。

3. 给女孩自己的小天地

无论你的居住条件如何，都要给女孩一块属于自己的小天地、小角落。在这个角落里，可放置玩具架及小筐、纸盒等容器，每天给女孩一些自由支配的时间，让她自己做决定，自由地和小伙伴玩耍，自己取放玩具，做一些力所能及的劳动。这一点，正是富养女孩的必然要求；女孩要富养，正是要给她一个安定和谐的生活环境，即使家庭条件不好，也要尽量满足孩子独立居住的要求，从生活上自主，也是让孩子自主的一个重要开始。给女孩独立的空间，有助于女孩独立思考。

总之，只要不是原则性的问题或危险的事情，父母都可以放手让女孩自己做决定，而且要多提供机会，让孩子自己做决定，并且是真正地自己做决定，父母千万不要左右女孩思想，也不应该对孩子事先做出假设或者限制，要给女孩以单独思考、学习和玩耍的时间和机会，这样，孩子才能成长为一个独立、有主见的女性。

第 4 章

女孩犯错误，批评要讲究方式和方法

生活中，不少家长相信棍棒比说教更能让女孩牢记错误，当女孩犯错的时候，采取严厉的惩罚措施，甚至体罚，体罚正是中国家长对孩子常用的方式，包括打揍、罚站、面壁等。由于体罚总伴随着家长的情绪爆发，容易使孩子产生逆反心理或委屈情绪，甚至导致自信心丧失，这对于女孩的成长极为不利。其实，“牢记错误”不是重点，“改正错误”才是目的。家长不妨温柔地对待女孩的错误，用正确的方法引导，不仅会让女孩意识到自己的错误，还增强了孩子勇于发现错误的信心和勇气。

女孩的自信来源于父母的鼓励

苗苗13岁了，她一直爱好音乐，但却三分钟热度，一会儿想学这个，一会儿又想学那个，所以爸爸妈妈从没想过苗苗能学出什么名堂来。

一个周六的晚上，妈妈和爸爸一起去古筝培训班接苗苗，回家的路上，苗苗说："爸妈，我想参加市里的古筝大赛，我们学校都没几个人敢报名呢！你们说我可以报名吗？"

"我看你，平时出于兴趣，去学一下那些，我们是不反对的，可是我看你还是别报名的好，肯定没戏……"苗苗爸爸给女儿泼了一头冷水。

"你可别这么说，谁说我们苗苗没戏了，我看苗苗很有音乐天赋，苗苗，你去报名，妈妈相信你一定可以的！"受到妈妈的鼓励后，苗苗精神大振。

从那天开始，苗苗把每天的空余时间都拿来练琴，古筝弹得越来越好，果然，在市里的初中生古筝大赛上，苗苗不负厚望，取得了第二名的好成绩。从此以后，苗苗跟妈妈的关系比以前更亲密了。

自信心是一个人重要的品质，有了自信，一个人才会积极向上，才会有奋进的动力，而自信对于女孩的成长同样尤为重要。一个成长期的女孩，如果自信不足，常常表现为胆怯、遇事畏缩不前、害怕困难、不敢尝试，其认知能力、动手能力、交往能力及运动能力等发展就缓慢；相反，女孩具有自信心，胆子大，什么事都敢尝试，积极参与，各方面发展就快。

因此，自信这种品质应该从家庭起步，对女孩应该着重培养。言传不如身教，培养女孩的自信心，需要父母从生活中的点点滴滴入手。

1. 多鼓励，让女孩勇于尝试

我国著名的教育家陈鹤琴先生在讲到孩子心理特点时指出："小孩子喜欢成功的""小孩子喜欢称赞的"。其实，这种心理需求，女孩也是需要的，家长的鼓励是女孩得到的最大的肯定。

因此，无论女孩学习成绩怎样，无论女孩做什么事，只要她去干就要给予肯定与鼓励。还要善于发现女孩的点滴进步和成功，给予适当的赞赏，使她们积累积极的情感体验。

2. 赏识女孩，让孩子发现、肯定自己的优点

对于很多家长来说，不要总认为别人家孩子比自己的好，也别总是一副"恨铁不成钢"的态度，你要承认，你的孩子也有优点，只是你没有注意。女儿为什么总是考不好，不是女儿不认真学习，而是你一味地贬低她，让她失去了信心，如果你一开始就发现她的优点并加以赞赏，想必你的孩子一定会信心大增。

3. 教女孩学会体验成功

当女孩做成一件事后，你首先应该夸奖她："你做的真棒！"适当的时候，你可以采取一些物质奖励的方式。而当女孩缺乏自信时，你可以告诉她："勇敢一点，爸妈为你骄傲！"当女孩体验到成功的美好后，也就不会畏首畏尾，而是大胆地去争取了。

总之，自信心是女孩成长道路上的基石，是学习过程中的润滑剂，是生活中必不可少的勇气。自信心是在实践中培养起来的。因此，在日常生活中，父母一定要相信女孩，给足女孩鼓励，她才能昂首阔步走向社会，去克服人生道路上的种种艰难险阻，迎接各种挑战。

批评女孩要讲究技巧

为人父母，我们都知道，即使再乖巧的孩子，也会犯错误。但如果你生养的是女孩，那么，你需要注意的是，女孩生性敏感，有很强的自尊心，有更强的羞耻心，在批评教育女孩时，一定要讲究技巧。

心理专家告诉我们，在批评和尊重之间，了解孩子的承受能力，并选择适合的批评方式，会帮助父母找到平衡。当我们批评和教育女孩时，一定要注意方法，如果我们大声训斥孩子，则会让孩子产生逆反情绪。

然而，生活中，家长三番五次地对女孩说："跟你说过多少遍，做作业的时候不要玩其他的。"可是女孩还是边学习边玩；妈妈经常提醒女孩晚上准时睡觉，但女孩就是不改；面对女孩早恋和网瘾问题，父母强行干涉，结果把女孩逼急了，她居然离家出走……　父母过分的叮嘱、管教不但不能起到预期的效果，反而会使女孩的神经细胞处于抑制状态，从而做出逆反的举动。其实，即便是批评，也可以忠言顺耳，就看父母怎么去实行。

那么，父母该怎样将批评的语言说得顺耳呢？

1. 先进行自我批评

父母是女孩的第一任老师，孩子犯了错，父母或多或少都有责任。在批评女孩之前，如果父母能先来一番自我批评，例如，"这件事不全怪你，妈妈也有责任"；"只怪爸爸平时工作太忙，对你不够关心"等，会让家长和女孩的心理距离一下子拉得很近，会让女孩更乐意接受父母的批评，还可以培养女孩勇于自我批评的良好品质，一举多得，父母何乐而不为呢？

2. 注意语气，委婉表达

女孩犯了错，家长必须要批评，但我们需要考虑到女孩的接受能力。为此，在批评的时候运用恰当的语气和措辞就显得尤为重要，如我们可以这样对女孩说："你是个很听话的孩子，也是妈妈的乖宝贝，但是你知道吗，你如果能改正一些不好的行为就更好了"，这种口吻听起来比较委婉，女孩也容易接受。

3. 批评女孩时不要伤害她的自尊心

女孩更脆弱，当她在某些行为习惯上有不妥之处时，我们应该主动指出来，但一定要照顾到她的心情。比如，当她吃饭前不洗手时，你可以这样指出来："你知道吗？吃饭前不洗手，附着在手上的细菌会被我们吃到嘴里，我们就会生病。"这种十分轻柔的声音，会让她接受你的建议。相反，假如你说："你看你那脏兮兮的手，真恶心。"那她会怎么想呢？

4. 给女孩申诉的机会

女孩犯错误，可能情有可原，因此，家长不要剥夺她说话的权利，要给她一个申诉的机会，让她把自己想说的话说出来，这样家长会对女孩所犯的错误有一个更全面、更清楚的认识，对女孩的批评也会更有针对性，也让孩子能心悦诚服地接受自己的批评。

5. 批评女孩之后要给她一定的心理安慰

女孩犯错后，情绪往往比较低落。我们在批评女孩后，应及时给她一些心理安慰，如说"没关系，知道错了改正就行""我知道你是个聪明的孩子，自己会知道怎么做""爸爸妈妈也有犯错的时候，重新再来”之类的话。

总之，女孩乖巧，但也会犯错误，作为父母，在批评女孩的时候，一定要注意方式方法和度，要巧妙地批评，尊重女孩，保护她的面子，这对孩子的成长来说是极为重要的！

永远温柔地对待女孩的错误

我们都知道一个道理，人无完人，人类也正是在不断地犯错和纠正错误中得到成长的。其实，我们教育女孩也要遵循这个规律，温柔地对待女孩所犯的错误，让女孩自己认识到错误，让她在错误中得到真理，得到正确的做事方法。作为父母，如果把错误这个源头彻底消灭，那么女孩就不会成长，也会打击她的自信心。

那么，家长在面对女儿犯错的时候，应该怎么做呢？

1. 做女孩的“知心朋友”

其实，每个女孩都希望自己有一个可以倾诉内心的朋友，但不得不说，很多时候，她们的朋友并不是父母，因为大部分父母放不下作为家长的威严，很多女孩知道自己的父母做不到这一点，所以她们如果有了心事，宁愿找自己的朋友去倾诉，也不愿意告诉父母。不是女孩不愿意把父母当作知己，而是父母首先没有做女孩“知己”的意识。

所以，父母不妨放下架子，平等对待女孩。英国教育家斯宾塞说：“沟通不是在任何人之间都能实现的。父母只有放下架子，做孩子的知心朋友，才能实现最成功的沟通。”

2. 女孩犯了错，也要让她们为自己的错误付出一点代价

孩子犯错在所难免，每当孩子闯下大大小小的祸，作为警醒或教训，家长都会对孩子采取一定的惩罚。但惩罚仅仅是打和骂那么简单吗？怎样惩罚才会达到理想效果？惩罚有哪些方式？惩罚的“度”在哪里？家长如何做好“善后”工作？

我们来看看下面这位父亲是怎么做的：

老刘的女儿第二天要去郊游。这天晚上，老刘对只顾看电视的女儿说：“女儿啊，先别看电视了，准备准备明天去郊游的东西吧，否则明天早晨又要手忙脚乱了。”女儿一边看电视，一边说：“爸爸你可真啰唆，我都这么大了，会照顾好自己的，东西都准备好了。”老刘便不再说什么，可是发现女儿换洗的袜子没带，帽子也没装进包里。老刘的妻子正要帮女儿收拾，老刘却制止了她。

女儿郊游回来后，老刘问：“玩得怎么样啊？”女儿说：“很好啊，就是没换洗的袜子穿，天气太热了，帽子也忘带了，我都晒黑了，下次可不能再这么丢三落四了。”

老刘是位很聪明的父亲，他阻止了妻子的行为，就是要

让女儿为自己犯的错误付出一点代价。如果妻子帮助女儿准备好了，女儿依旧是一副没记性的样子，并且她还会产生依赖心理：我没准备好没关系，还有我老妈帮我弄呢。所以，要想让女儿对自己的错误记忆深刻，不犯类似的错误，不妨让她吃点苦头。

可见，每个人犯错都是要付出代价的，如果没有因为相应的错误受到惩罚，那么错误还可能延续下去。生活中，很多父母看到女孩犯了错误以后，马上帮她纠正。可能女孩意识到了自己的错误，但印象并不深刻，导致错误一再地出现。

不要当着外人的面批评女孩

有位家长在谈到教育女儿的心得时说：

“有一天晚上，我在看书，女儿突然从房间跑出来，仰起小脸凑到我的面前说：‘妈妈我跟你说件事，以后我做错事你能不能别在别人面前说呢，我会改的。’说完她就亲了亲我的脸，不好意思地对着我笑。看着女儿，我的心里突然好酸，心情也久久无法平静，她才只有三岁半啊！三岁半的孩子希望妈妈只在她的面前说她、批评她，而不要在别人面前说她不听话，孩子的心是多么敏感脆弱。我心疼地抱起女儿，向她保证以后不在别人面前说她不听话了。”

的确，孩子都是渴望得到表扬的，尤其是生性敏感的女孩，她们也有自尊心。作为家长，应该时刻保护好女孩的自尊心，即使女孩犯了错误，也要注意批评的场合，不要在众人面前批评她们。

另外，父母没有认识到的是，孩子每一个行为都是有原因的。这是由孩子的心理生理年龄特点所决定的。也许这些原因在成人看来是微不足道的，但在孩子的眼里那是很严重的事情，不了解原因当众批评她，非但不能解决问题，反而会使问题变得更糟，让孩子产生逆反抵触情绪，最终导致对孩子的教育很难继续下去。

那么，很多家长就产生了疑问：“女孩自尊心强，难道就不能批评了吗？”答案当然是不，但是批评女孩也要掌握一定的原则和技巧，不能当众批评。家长应注意以下方式方法：

1. 降低声音

家长在批评女孩时，最好比平时的声音要低，这样更能引起女孩的注意，这种低声的“冷处理”，往往比大声训斥的效果要好。

2. 适时沉默

女孩一旦做错了事，总担心父母会责备她，如果正如她所想的，孩子反而会有一种“如释重负”的感觉，对批评和自己所犯过错也就不以为然了；相反，如果父母保持沉默，她的心里反而会紧张，会感到“不自在”，进而反省自己的错误。

3. 心平气和地启发

女孩犯有过失，如果家长能心平气和地启发她，先不直接批评她的过失，孩子会很快明白家长的用意，愿意接受家长的批评和教育，而且这样做也保护了孩子的自尊心。

4. 换个立场

犯了错误，谁都害怕被惩罚，所以，当女孩犯错时，她们可能会推卸责任，称是别人的错过，此时，你可以这样引导，“如果你是那个人，你会怎么解释？”这就会使女孩思考“如果自己是别人，该说些什么”，这会使女孩发现自己也有过错，并促使她反省自己把所有责任嫁祸他人的错误。

5. 适时适度

这正如以上说的，不能当众批评，而应“私下解决”，这能让女孩明白父母的良苦用心，尊敬之心油然而生。

当女孩考试失利，父母可以私下里提出来，并帮助女孩分析其中原因，如提醒女孩以后避免此类情况的发生，就比批评孩子不用功、上课不认真效果要好得多。批评教育孩子，最好一次解决一个问题，不要几个问题一起批评，让孩子无所适从；也不要翻“历史旧账”，使孩子惶恐不安；更不要一有机会就零打碎敲地数落，结果把孩子说麻木了，最后却无动于衷。

女孩再乖巧，也会犯错误，家长批评一下固然重要，但是家长在批评女孩的时候，千万不要在人多的地方，这会伤害女孩的自尊，在一定场合也要给足孩子面子。

一定要给女孩解释的机会

相对于男孩来说，女孩天性敏感和娇弱，很容易因为别人的批评而受伤，而这也提醒父母，当女孩做错事时，一定不要劈头盖脸地斥责。不管什么时候、什么事情，首先要给女孩解释的机会，让孩子把事情的经过说清楚，然后再下结论。

刘女士工作很忙，没时间照顾女儿，所以她将老家的妈妈接过来一起住，但老人似乎对城市生活并不习惯，感到很孤单。

一天下班，刘女士回家，看到一只小狗把家里弄得一团糟，刘女士很生气，她大声训斥女儿："马上就要小升初了，还养小狗干吗？乱死了！"女儿正要向她解释什么，她却不容分说地继续呵斥孩子："给我扔出去！把它给我扔出去，不用解释！我不想听！"说完就要去抓那只小狗。这时，女儿的眼泪"唰"地流了下来，她好像想说什么，但什么也没说，一转身回到自己房间，把门重重地关上了。

刘女士真是被女儿气死了，她想敲门进去教训女儿，但此时，孩子的姥姥说："你别骂孩子了，这是孩子给我买的，她说怕我一个人在家寂寞，买了一只小狗来陪我。孩子是出于好心，你要是不喜欢，可以好好和孩子说，把它送给别人就可以了，不要再骂孩子了。"

刘女士后悔不已，所以她轻轻推开女儿的房门，看到女儿趴在床上哭，她拍着女儿的肩膀说："妈妈错了，妈妈不该不听你的解释，以后妈妈会改的。"

现实生活中常常会有这样的情况发生：女孩犯了一个小错，父母单凭自己了解的情况对女孩的行为做出评价和责备，当女孩申辩和解释的时候，父母则完全不给机会，此时，父母忘记了此时在训斥的是自己的女儿，是一个需要呵护的对象，父母不妨想想女孩，这个时候该有多么委屈，即使事后你为冤枉她而向她道歉，但对她的伤害仍然无法弥补。

在家庭教育中，批评是一种不可或缺的教育手段，即便是柔弱、敏感的女孩，当做错事时，我们也要批评，但我们要先给女孩一个解释的机会，接纳孩子的感受，才是正确的教育方法。女孩由于不成熟、自我约束力差、自我纠错能力差，所以在成长过程中会做出一些不尽如人意的事，但有些事情是孩子出于善意，父母不能不问缘由就采取批评手段，意图把孩子"骂"醒，这都是不明智的做法。如果女孩正值青春期，那么，她可能因为你的"骂"而更加叛逆。

因此，多听听女孩的解释，多从女孩的角度考虑问题，让女孩有辩解和申诉的机会，这是保证孩子身心健康必不可少的一个环节。当父母认为孩子做错了事情，不要急于做出判断和结论，而首先要倾听她们的解释。你可以这样说：“好吧，和妈妈说说当时的情况。”当女孩对一件你曾经认为错误的事情做出合情合理的解释时，你应该说：“原来你有自己的想法，妈妈明白了！”

帮助女孩从错误中学会成长

我们教育女孩，就免不了要批评和惩罚，但这并不是目的，真正的目的是让女孩记住自己的错误，并不再犯错，因此，我们可以说，让女孩从错误中学习成长才是关键。

其实，每个女孩都是在犯错误中成长起来的，这是由她们的心理特点决定的。孩子有一个共同的心理特点，就是好奇心重，面对丰富多彩的现实生活，心中充满了各种疑团，对周围的一切都想探个“究竟”。由于好奇心的驱使，不管该做或不该做的事情，能做或不能做的事情，她们都要探究一下，尝试一下，结果可能导致犯错误。然而，面对女孩的错误，一些父母要么严厉批评，要么惩罚，目的是让孩子记住错误，可实际上，这些都对孩子的心灵成长产生了严重的负面影响。

其实，女孩因其性别原因，有其特殊的教育方式，其较弱的生理和心理因素使女孩需要用温柔的方式引导，而不是用激烈的言辞甚至采取暴力手段。父母要明白的是，孩子犯错，重在帮助她改正错误，在错误中锻炼自己，惩罚并不是目的。

对于犯错误的女孩，只要不是“罪不可赦”，挽救比“绳之以法”要重要得多。但在现实生活中，很多对待犯错误的女孩的挽救方式方法有时过于简单，常常发生这样的事，有的孩子一念之差做错了事，马上就被贴上“坏孩子”的标签，甚至小题大作，使她在其他人面前永远抬不起头。

那么，作为父母，我们应该怎样帮助女孩认识到错误，并从错误中锻炼自己呢?

1. 帮女孩找出犯错误的原因

孩子犯了错，家长不要大惊小怪，应正确对待，弄清楚孩子犯错误的原因。从年龄角度出发，孩子有犯错误的“权利”。年龄小，经验不足，辨别能力又很低，再加上缺乏抵制能力和自制能力，是她们经常犯错误的原因。除此之外，错误的模仿也是她们犯错误的一个原因。她们往往模仿成人的一些错误言行，从而使得自己犯了错误。应该指出，孩子犯错误除了有其年龄特点外，还有教育上的不善。

2. 关心女孩，用情感感化

情感是女孩接受教育的前提，父母让女孩感受到他们的爱，孩子才会以同样的情感回报父母。女孩需要父母的关爱，这对于她们成长如雨露和阳光，一句简单的问候，一声简单的生日祝福，都会给她们带来温暖，给她们增添信心和勇气，种种爱的言行都会感化女孩的心灵。

3. 适当表扬，鼓励女孩的自信

美在纯真，美在坦诚，有些错误是无心之失，当孩子犯错误时，不要一味地批评，怒视受批评者。父母要适当表扬女孩让女孩感受更多的温暖，去体会更多的快乐。

总之，女儿还处在成长阶段，偶尔会犯错误，父母应该允许她犯错误，重要的是女孩犯了错父母怎样帮她认识错误，并从中吸取教训并自觉地改正错误。另外，每个女孩有自身不同的特点，家长要用适合的方式教育女孩，也就是对女孩的教育注重技巧和方法，惩罚决不是目的，给女孩几次悄悄改正错误的机会，使她回到健康发展的轨道上来，这才是父母教育的根本目的！

批评女孩不能过度

生活中，我们经常听到妈妈提醒女孩要睡前刷牙，可孩子还是“恶习”不改；面对女孩网瘾问题，父母强行干涉，结果把孩子逼急了，孩子居然离家出走……

实际上，父母过分的叮嘱、管教不但不能达到预期的效果，反而会使孩子的神经细胞处于抑制状态，从而做出逆反的举动。因此，父母在教育孩子的时候，都应把握一个度的问题，时间不能过长，内容也不应过多。

吃饭时间到了，妈妈叫四岁的女儿过来吃饭，可是叫了几遍，女儿都没反应，还是在玩玩具，妈妈生气了，她一天忙里忙外，要工作，还要照顾她。她一气之下夺走了女儿手上的玩具，女儿也不高兴了，居然跟妈妈抢起来。妈妈这下可火了，把女儿训斥了一顿。可是，说完之后，看着躲在墙角哭得惨兮兮的女儿，心又软了，她开始后怕，自己这样批评孩子，会不会给她留下心理阴影？

和案例中的这位母亲一样，可能很多妈妈都遇到过这样的困扰：孩子难免会犯错，不批评是不可能的，可我的批评会不会过火呢？或者说，怎样批评，才能既起到教育的作用，又不伤害孩子呢？

心理专家告诉我们，在批评和尊重之间，了解女孩的承受能力，并选择适合的批评方式，会帮助父母找到平衡；父母在批评女孩时应该掌握以下几个原则：

1. 注意时间和场合

批评女孩要避免以下三个时间：清晨、吃饭时、睡觉前。

因为：在清晨批评女孩，可能会破坏她一天的好心情；吃饭时批评孩子，会影响其食欲，长此以往，会对孩子的身体健康不利；睡觉前批评她，会影响她的睡眠，不利于其身体发育。

2. 批评女孩之前先让自己冷静下来

女孩犯了错，家长担心女孩会学坏很正常，难免产生一些情绪，但千万不能因为一时情绪而说出不该说的话，做不该做的事而伤害到孩子。

3. 一事归一事

有些父母很喜欢“联想”，一旦女孩犯了错，就能联系女孩犯过的所有错误，甚至给孩子贴上“坏女孩”的标签，这样只会给女孩造成心理阴影。事实上，在批评女孩的时候，父母只要明白自己的批评，是为了让她知道，做什么样的事会带来什么样的后果。

4. 注意不能批评过度

父母始终要记住，你在教育的是自己的女儿，过度批评，会严重伤害她的自尊，让她以后变得自卑胆怯。

还有一种情况，你越过火孩子越反感，并未取得应有的教育效果，反而让女孩对你产生严重反感情绪，这时候，你就失去了教育孩子的“武器”——父母的威严。严重的情况下，很多女孩会产生逆反情绪，甚至会反抗父母的教育。

在家庭教育中，父母对女孩的说教应注意“度”。掌握好分寸，做到“恰到好处”，才能使你的训导对孩子起到“四两拨千斤”的作用。

别随便给女孩贴“笨”的标签

生活中，我们常听到这样一句话：“说你行你就行，不行也行；说你不行就不行，行也不行。”从心理学的角度讲，这句话有一定的道理。一个人的成长，除了先天因素外，种种影响因素中，社会评价和心理暗示起着非常大的作用。在孩子成长的过程中，他们最信任、最亲近的人就是父母，如果父母给他们的评价是正面的，那么，孩子长大后就会自信、开朗、勇敢。

同样，我们在教育女孩时，也不要给她们贴“笨”的标签，哪怕孩子智力差一点，也要相信通过正确的引导、教育一定能取得进步。不说女孩“笨”，也体现了对孩子人格的尊重，为人父母者应牢记自己的孩子是聪明的。

的确，女孩天生比男孩敏感、胆怯，所以父母对她们的鼓励尤为重要，尤其是女孩犯错后，更需要父母的言语激励，她们才会有勇气吸取教训、努力改进。

对于女孩来说，一句鼓励的话等于巨大的能量，等于成功的荣誉。孩子还小，并不是没有能力，所以，对于孩子来说“成不成为”是一回事，而父母“相不相信”孩子有这样的能力又是另外一回事。当父母相信孩子能力的时候，就会传达给孩子一种积极的信心，对孩子的期望会转化为孩子行为的动力，影响孩子将来的成就和发展方向。因此，千万别用“你真笨”束缚了孩子的头脑。

当然，鼓励并不是一味地说好听的话，父母需要有的放矢，注意方法和技巧。

1. 说结果

注意到了女孩整理房间的行为，即使孩子又将被子叠得乱七八糟，我们也可以说：“我发现你今天已经整理了房间，现在房间焕然一新。做得真好，只是有些地方需要注意！”

2. 说细节

你可以告诉孩子：“你看，你不仅把床上的被子都叠好了，还把桌子上的灰都擦干净了。真是好样的！”

你的鼓励表达得越具体，孩子越能看清楚自己的行为中哪些是对的，越是知道如何重复去做这一正确的行为。这样，对于你未曾提到的一些行为，她们也就明白自己做得不到位。

3. 说原因

一次单元测试成绩公布后，孩子又没考好，在分析试卷时，你不要指责孩子不好好学习，而是对她说：“你不是能力不行，也不是基础差，更不是不如别人，是你太粗心了，没审清题意，不然，凭你的智力是完全可以做出来的！”这种有意的错误归因，既维护了孩子的自尊心，又增加了孩子的自信心。

4. 说内在人格特质

父母可以说：“看得出来，你是个很负责任的人。”称赞的时候，父母要多谈人格特质；而做批评时，就该谈行为，而避谈人格特质。

5. 说正面影响

例如，父母可以这么说：“有你这样的女儿，爸妈觉得很高兴，你真是爸妈的贴心小棉袄，知道为妈妈分担了。”

教育子女，是一大学问。迄今为止，尚未发现任何方式比关怀和赏识更能迅速刺激孩子的想象力、创造力和智慧。孩子都是在不断的鼓励中坚定自己做事的信心的。为此，无论女孩表现多么差，无论犯了什么错，父母都不能给她贴上“笨”的标签，要始终呵护孩子的自尊心和自信心，多多鼓励，让女孩走出精彩的人生！

第 5 章

关注身心健康，陪伴女孩健康成长

我们都知道，家长是女孩的第一任老师，教育方式的正确与否直接影响着女孩的一生。然而，不得不说，很多家长对女孩在成长中遇到的一些常见问题感到困惑，如女孩自卑怎么办？女孩爱慕虚荣如何是好？女孩封闭内心又该如何解决？其实，这些都是身心健康中的问题，对此，作为父母要做的是正面管教，给女孩充足的爱和关怀，要知道，任何一个问题，都可能击败女孩，我们要做的是防患于未然，给足女孩爱和关怀，才能让她慢慢积极健康起来，成为一个骄傲、自信的“小公主”！

一定不要忽视女孩的心理健康问题

曾有报道，一个十几岁的女孩，平时成绩很好，同学和老师也很喜欢她。然而在一次考试中，她后座的同学让她帮忙作弊，她一时紧张被老师发现，最后被取消了考试资格。事后，她对此一直耿耿于怀，最后羞愧地自杀了。

这起事件引起了学校、家庭和社会的广泛关注，谈得最多的还是孩子的心理健康问题。

我们不得不承认，孩子在成长的过程中，总会遇到这样或那样的问题，这需要父母进行引导，对孩子脆弱的心灵进行呵护。

一些父母认为，我们教育女孩，只要让她们努力学习即可，实际上，学习知识只是对孩子教育的一个方面而已，家庭教育的一个重要职责是让女孩拥有健康的心理素质和独立完善的人格，否则，孩子永远无法独立于世。

我们必须承认的一点是，女孩的抗压能力比男孩弱，然而，她们要和男孩一样参加激烈的社会竞争，面对复杂的人际关系，她们也可能遭遇情场失意，事业困境，生意败北……总有一天，我们也要离开女孩，如果她没有过硬的心理素质和健康的心理状态，如何在这样激烈的竞争中取胜呢？

所以，作为父母，我们要时刻观察女孩的行为动态和心理变化，关注她们的心理健康，一旦发现她们出现了心理问题的苗头，就要及时做好指路人，帮孩子疏导，以防问题积压，酿成大错。

作为家长，要这样做：

1. 为孩子营造和谐的家庭环境

父母、家庭成员之间相亲相爱、关系和谐，这是解决女孩所有心理问题的前提，事实上，在这样的环境下成长的孩子出现心理问题的概率更小。对此，专家建议，家长应为女孩提供一个安定、和谐、温馨的家庭氛围，要让女孩一颗纷乱的心安定下来，这样女孩才会接纳来自父母的帮助。

2. 压力是百病之源，帮女孩卸下心理压力

曾经有这样一则调查报告：在被访的中学生中，35%的学生称“做中学生很累”， 34%的学生表示有时“因功课太多而忍不住想哭”，对于孩子遇到的高强度的学习压力，不少父母给予的并不是理解，而是继续施压，让父母恐慌的是，在被调查的学生中，竟然还有20%的学生有过“不想学习想自杀”的念头。

3. 在生活中着力培养孩子的意志力

有人说，现在的女孩心理承受能力越来越差。在学习方面，过分注重自己的学习成绩，只要一次考试成绩不理想，就难过万分，甚至开始讨厌学习；人际关系方面，她们把自己封闭起来，不知道怎么与同学、老师打交道；被老师、家长偶尔

批评一次就产生逆反情绪而离家出走等，这些都是女孩输不起的表现。

然而，这些问题，“病”在儿女，“根”在父母。作为父母，我们一定不能过度保护女孩，而应该在日常生活中有意识地锻炼和培养女孩的意志力。

总之，父母平时就要注意观察女孩的心理情况。当女孩出现心理偏离时，首先要做的就是从自己的角度去找原因。如果女孩只是轻度的心理偏离，只需要我们调整教育方式即可，找到适合女孩的科学的教育和引导方法；如果女孩出现了明显的心理偏离，如产生学习困难、交流障碍时，则应求助于专业人士。

被溺爱的女孩更容易心理扭曲

作为父母，教育女孩，都希望她们能有这样一些品质，如能吃苦、勇敢、坚韧、独立、有责任感、真诚坦率、机智果断等。而这些都需要父母从正面引导，相反，如果我们因为女孩娇弱而溺爱她们的话，她们很难形成这些好的品质，甚至出现心理扭曲。

大量数据表明，那些出现心理扭曲的女孩中间，不少是被父母惯坏的孩子。生活中这样的例子并不少见，由追星导致自杀是因为盲目崇拜；对同学泼硫酸是因为嫉妒；攀比是由于虚荣……面对这样的事实，家长们和很多教育人士不禁要问：这些孩子到底怎么了？

对此，专业人士进行调查发现，这些女孩的生活条件都很好，基本上衣来伸手、饭来张口，父母对于她们期望值很高，她们根本没吃过苦，家长希望她们独立，但实际上家长想培养女孩的独立性只是表面现象。家长所谓的培养女孩的独立能力，是给她们大量的金钱，让其挥霍，让其放任自流，他们固执地认为“不管”孩子就能使其有独立性，其实长期“不管”孩子不但不能使其真正独立和健康成长，反而会给女孩的心理带来伤害，这使女孩产生对金钱的依赖性，并且还有一定的攻击性。

那么，家长该如何教导才能防止女孩心理扭曲呢？

1. 让女孩独立面对生活中的问题

不少家长认为，教育女孩就要为其提供好的生活条件和教育环境，他们舍不得让女孩吃一点点苦，舍不得让女孩放弃优越的环境，舍不得让女孩离开父母的保护，舍不得让女孩自己去奋斗，甚至是一点小小的生活问题，都为女孩打理得很好。当女孩面对一点点挫折时，总是替她们解决，于是，今天的很多孩子一直在父母、长辈的过度保护和关爱之下成长。

其实，这样过度保护女孩很容易让她们养成自私任性的坏习惯，她们不知道每一粒米都来之不易，也不知道如何料理自己的生活，经不起一点波折和苦难，事事依赖于别人，长大后也难以立足社会。

其实，爱女孩，也要让她独自去面对生活中的问题；摔倒了，让她自己爬起来，几经摔倒和磨难的女孩定会理解父母的爱和用心良苦，也会得到一笔宝贵的人生财富。

2. 教育女孩，也要引导其养成艰苦朴实的生活作风

我们常说“大富由天，小富从俭”“聚沙成塔”都说明了节俭在生活中的重要性，真正聚集生活的财富，除了要“开源”，还要“节流”，别忽略了“当用不省”的道理，否则就成了“守财奴”“铁公鸡”，有可能委屈自己又影响了生活质量，甚至失去了助人行善的机会。父母要教育女孩把金钱用在刀刃上，如可以带女孩经常参加一些社会公益活动，让她认识到金钱的真正价值。

3. 为女孩设置一些苦难情境

温室中的花朵必须经历风雨的洗礼才能坚强面对各种困难，家长可以带女孩参加一些公益活动，让她认识到人性的美好和苦难催人成长的力量，增强她战胜困难的信心。

总的来说，身为父母的我们要想让女孩拥有坚韧的心理品质，就要在其成长的阶段，多给孩子独自面对的机会，相反，溺爱更容易使其心理扭曲！

教会女孩如何学会交往

我们都知道，女孩天生比男孩更善于经营“关系”，因为女性对于世界的感知能力、语言的敏感度，让她们天生就是出色的外交家，可以说，一个女孩的价值很大一部分是在社会交往中实现的，在女孩子的眼里，世界是以“关系”为主的，她们喜欢用和谐的关系来诠释社会。社会交际能力的培养对女孩格外重要。如果在她们的成长过程中，由于受到了某方面的限制而无法与别人沟通，如不自信，那么敏感和脆弱就可能把她击垮，让她完全不能认同这个世界。作为父母，要起到桥梁纽带作用，帮助女孩自信起来，学会与人交往。

的确，我们教养女孩，除了给孩子一个轻松舒适的生长环境、优越的生活条件外，还需要教会孩子如何自信地与人交往。一个落落大方、平易近人的人才能赢得别人的赞同、尊重和喜欢，才不会孤独。家长要明白的是，女孩的性格和交往能力，需要从小培养。

那么，家长具体应该怎么做呢？

1. 创造机会，让女孩走出去与人交往

我们可以带孩子参加故事会、联欢活动等，还可以经常带孩子走亲访友，或把邻居家的小朋友请到家中，让孩子慢慢习惯和别的孩子交往。孩子通常需要安全感，所以起初有家长在一旁陪伴，会让她比较放心。

2. 不要给女孩一些负面的评价

如果家长说“我的女儿胆子小、不自信、走不出去”实际上这是强化孩子的弱点，结果是：“胆小”的孩子更“胆小”，“害羞”的孩子更“害羞”。

有的家长有意或无意地说：“你看人家妹妹都会打招呼，你怎么都不会说呢?”这样的比较，反而会伤害女孩幼小的自尊心，让她们更加害羞，更加不愿意说话。所以不要轻易去比较，要相信你的“小公主”就是最棒的。

当其他人问候她时，你可以让孩子自己来回答，不必代替孩子来说。如果孩子不愿意说，你可以进行一些引导，如“小朋友跟你问好了，你该怎么回答啊？”当孩子独立与“陌生人”进行交流以后，逐渐就会变得胆大和自信。

3. 教给女孩一些交往技巧

比如，让女孩学会使用礼貌用语；告诉女孩如何与其他小朋友沟通；如何主动开口与他人谈话等。

4. 给予女孩认可和表扬

女孩生性胆怯，她们更需要父母的支持与鼓励，因此，当女孩能大胆与其他人进行交往时，及时的表扬会让她更加自信，更乐于与别人交往。

5. 激励女孩参加运动和游戏

家长可以鼓励女孩参加一些体育运动，如球类游戏、赛跑游戏等。引导女孩学会交流的最好时机是在她进行最喜欢的活动的时候。一般来讲，在大人与小孩或者孩子与孩子互动玩乐、运动的时候是孩子最放松的时候，也是引导她与人交流的最好时机。

只有会交往的女孩才不会孤独，身边也永远不缺朋友。家长需要交给孩子与人交往的本领，让你的小公主自信一点，这会让她受益一生！

如何帮助女孩走出抑郁的困境

敏敏以前是个活泼可爱的女孩，成绩优异，还是校歌唱队的队长，老师和同学都很喜欢她。以前，她看到老师，都会主动打招呼，但现在，她却不再跟任何人打招呼，动作也不再敏捷。她看起来不像有病的样子，但她说自己没有精力，在快要考试的这段时间，她也不能集中精神。后来经心理医生诊断，她患了抑郁症。

和敏敏一样有心理抑郁的女孩并不少见，抑郁的表现形式各有不同，对孩子影响最普遍的形式是：

（1）大部分时间感到沮丧或忧愁。

（2）缺乏活力，总是感到累。

（3）对以前喜欢做的事情缺乏兴趣。

（4）体重急剧增加或急剧下降。

（5）睡眠方式的巨大改变（不能入睡、长睡不醒或很早起床）。

（6）有犯罪感或无用感。

（7）无法解释的疼痛（甚至身体上没有任何毛病）。

（8）悲观或漠然（对现在和将来的任何事情都毫不关心）。

（9）有死亡或自杀的想法。

生活中，有些女孩可能还会出现其他症状，如逃课或缺乏兴趣和动力、拒绝管教、大量饮酒，以此来表示她们的愤怒和漠视。

可见，抑郁这种消极心态对女孩成长的影响，家长帮助女孩赶走抑郁刻不容缓。

那么，家长应该怎样做呢？

1. 帮助女孩建立自信

自信的女孩自然开朗乐观，对于那些内心自卑且不快乐的女孩，父母一定要在生活中发现她们的长处，并及时给予赞扬和鼓励，逐步帮助她们克服自卑、建立自信。

2. 培养女孩广泛的兴趣爱好

开朗乐观的女孩，一定也是个爱好广泛的孩子，如果女孩只有一种爱好，那她很容易因为暂时无法拥有这一爱好而不快乐。比如，对于只爱看动画片的女孩来说，如果这天晚上不播放动画片，她就不快乐、生气等；相反，假如她还喜欢跑步、饲养小动物或者看书，那么她的生活将变得丰富多彩，由此她也必然更为快乐。

3. 鼓励女孩多交朋友

不善交际的女孩大多性格抑郁，因为她们享受不到友情的温暖而孤独痛苦。性格内向、抑郁的女孩更应多交一些性格开朗、乐观的同龄朋友。

4. 教会女孩与他人融洽相处

与他人融洽相处有助于培养女孩快乐的性格，因为与他人融洽相处者心中较为光明。父母可以带领女孩接触不同年龄、性别、性格、职业和社会地位的人，让她们学会与不同的人融洽相处。此外，父母自己应与他人相处融洽，热情待客、真诚待人，给孩子树立榜样。

5. 引导和帮助女孩摆脱困境

即便是那些天性乐观的孩子，也不可能万事顺心，但是大部分孩子遇到了困境，能自我调节，将内心的失意与不快消化掉。父母最好在平时的生活中着力培养女孩应对困境的能力，如果孩子暂时无法摆脱，那么，可以让她学会忍耐，做到随遇而安。

所以，作为家长，当你发现女孩有一些抑郁症状时，应引起重视，多鼓励女孩，发现并表扬女孩的优点，树立女孩的自信心。家长可为女孩选择幽默、笑话、歌舞类的影视节目或图画书，建立轻松愉悦的生活环境。让女孩记录自己的优点，记录一些愉快的事情，并每天拿出来看一看，建立自信和良好的情绪。

如何帮助女孩摆脱自卑

王太太比较胖，但一直很自信，她的女儿与她体形相似，而最近，她看到的一幕场景让她心里很不是滋味：

有一天，下班后，她去学校接女儿，就在学校墙角，她看到一群男生正在欺负女儿。

“小胖墩儿，又矮又胖，将来嫁不出去咯。”

“这么胖，还穿短裙，真难看。”

“我见过她妈，哈哈，他们全家都是胖子。”

……听到这些后，女儿生气了，冲开人群，没想到一头撞在妈妈怀里，王太太想安慰安慰女儿，没想到女儿却对自己说：“都怪你，我才这么胖，你给我走！”女儿发脾气的样子，真的让王太太震惊。

事实上，和王太太的女儿一样，不少女孩心里都住着一个魔鬼——自卑。对于成长期的女孩来说，她们大部分时间都生活在集体中，自然很容易把自己和周围的朋友、同学相比，当自己的某些方面不如他们的时候，自卑感油然而生。

那么，作为家长，我们该如何帮助女孩消除自卑呢？

1. 告诉女孩只跟自己比，不和别人比

你可以给女孩讲爱迪生的故事：

爱迪生说：自信是成功的第一秘诀，自信心的树立，不在于和别人比较，而是拿自己的今天和昨天去比。

爱迪生上小学时，有一次上劳作课，同学们都交了自己的手工作业，但到第二天，爱迪生才慢吞吞地交给老师一个粗糙的小板凳，对此，老师的评价是："我想世上不会再有比这更丑的小板凳了！"但对此，爱迪生的回答是："有的。"然后他从课桌下面拿出两只小板凳，举起左手的板凳说："这是我第一次做的。"又举起右手的板凳说："这是我第二次做的，我刚才交的是第三次做的，虽然它不能使人满意，但是总算比这两只好多了。"

爱迪生的自信就是在和自己的比较中树立起来的。

的确，现实生活中，一些女孩习惯了和周围的同学、朋友比较，山外有山，这样和别人比较下去是没有尽头的，在和别人的比较中失去了自信，同时也被周围的环境牵着鼻子走。所以，帮助女孩建立自信最关键的一步就是帮助她改变自己总是和别人比较的习惯，当女孩说“我不如……”的时候，就要提醒她打住，这是个思维习惯的问题，经过一段时间的纠正肯定能够克服掉。

2. 教会女孩掌握一些消除自卑的方法

其实，每个女孩身上都有闪光点，你需要教会女孩懂得自我发现并发挥出来，那么，她就会变得自信。你不妨告诉孩子以下方法：

想一想：对于挫折，你要换个角度来想，挫折和失败是对人的意志、决心和勇气的锻炼。人是在经过了千锤百炼后才成熟起来的，重要的是吸取教训，不犯或少犯重复性的错误。

比一比：与同学、好友相比，这没错，但不能只看到自己的缺点和不如人的地方，你要这样想，我虽说比上不足，但比下有余，及时调整心态，以保持心理平衡。不因小败而失去信心，不因小挫折而丧失锐气。

走一走：到野外郊游，到深山大川走走，散散心，极目绿野，回归自然，荡涤一下胸中的烦恼，清理一下混乱的思绪，净化一下心灵的尘埃，唤回失去的理智和信心。

所以，在日常生活中，家长应该时刻引导女孩，遇事要多向积极的方面考虑，用乐观的心态看待一切等。当女孩拥有积极的心态后，她们往往能够很自然地保持积极的自我情感体验。

不要让女孩养成自私自利的习惯

万女士最近非常苦恼，因为她发现自己的女儿越来越自私，有好吃的都霸着自己吃，自己的玩具从来不肯和其他孩子一起玩，幼儿园老师更向她反映说，为了争芭比娃娃，她竟然和小朋友们打架。“我真不懂，我和她爸爸对孩子那么无私，什么都问问她要不要，但为什么她却那么自私，什么都要留给自己呢？”

在现实生活中，这样自私的女孩其实不少，父母越是无私地付出，她们越是自私，其实，这不是正面管教女孩，是宠爱女孩，这对孩子的良好品质的形成是极为不利的。家长要明白“心底无私天地宽”，自私的人只会把路走得越来越窄，直至陷入绝境，人要学会付出，才活得有意义，懂得付出爱和宽容的人，总能找到一片广阔的天地。

女孩的自私自利表现在这些方面：只顾自己，一切以自我为中心，尤其是在金钱和财物上特别吝啬、贪婪；自己的东西无论如何不会给别人，而又特别希望得到别人的东西。这样的女孩很难有知心朋友，其行为还会令人厌烦。许多自私自利的女孩在外面不知道关心他人，在家里也不知道心疼父母。尤其是当父母生病的时候，因为自己得不到好的照顾，甚至还会对生病的父母发脾气，让父母感到特别寒心。

因此，在教育女孩的时候，一定要避免让女孩养成自私自利的习惯。为此，家长要做到以下几点：

1. 父母对孩子不能盲目溺爱、一味地娇惯

生活中，对于女孩提出的要求，父母首先要看是否合理，对于一些不合理的、过分的要求应予以明确拒绝，并给孩子耐心地讲解道理，并指出她们的不足之处，并提出批评。当然让孩子一下子就接受是不可能的，这必然需要一个适应的过程：

（1）利用“角色扮演”方式，让女孩可以设身处地了解自私自利对他人造成的伤害。

（2）不要因为女孩哭闹而大发脾气或者麻木迁就，而是有条件地加以引导、劝阻。

（3）透过批评和赞美，让孩子了解自私自利的弊端和乐善好施的喜悦。

2. 父母言传身教，别让自己的自私成为女孩学习的反面教材

如果孩子已经出现自私行为，父母要及时寻找方法给予纠正。包括帮助孩子增强利他的价值观，让孩子感受自私行为的恶劣后果。而父母的言传身教至关重要。因为自私的父母只能教出自私的孩子。

所以，我们正面管教女孩，并不是把她置于只享受，满足欲望，而不履行义务的特殊地位，要让她懂得欲望的满足和履行义务同等重要，如有好吃的，不是独自享用，而是主动与他

人分享。在家务上，则常常想到自己应该帮父母干点什么。这样，女孩才会养成尊重长者，关心他人的习惯，而不会事事只想到自己。

总之，父母要明白，我们教育的目的并不是培养自私自利的女孩，任何良好的品质都不是一蹴而就的，需要家长精心的培育！

帮女孩改掉任性的坏毛病

一位妈妈这样谈及自己对女儿的教育：

“我从女儿一岁的时候就把她放到爷爷奶奶家了，因为我们工作太忙，实在没有时间照顾她，但爷爷奶奶对她太惯着了，要什么给什么，这造成了女儿现在任性的习惯。四岁那年，我们把她接回来，送她去上幼儿园，她学东西倒是比较快，但就是更任性了，有时可以说固执，如看电视时有哪个节目上的字她不认识，而家里人又没有及时看到告诉她，就开始吵闹，吵得很厉害，我们每次都通过转移注意力的方式让她安静下来，次数多了觉得很累。跟她讲过多次道理，幼儿园的小朋友不认识字是很正常的，可当时答应得蛮好，过后又是一样着急和吵闹。到底怎么办才能让她别任性了。”

不得不说，案例中的这位小女孩之所以任性，与其在爷爷奶奶家被娇惯是有很大关系的。其实，我们不难发现，家中的“小公主”刚一哭闹耍性子，许多大人就心软了，就“投降”了，就百依百顺了。久而久之，女孩便掌握这个要挟达人的“撒手锏”，知道哭闹可以“摆布”大人达到自己的目的，无休止地恶性循环，当父母想要克服孩子的任性时，才发现自己已经教会了她任性。因此，克服孩子的任性，让女孩懂事乖巧，就必须从小开始。

这是一个长期教育的过程，需要父母这样做：

1. 预防为主

女孩的任性表现，一般也有规律。父母可以留意观察孩子在什么情况下容易犯拧劲，当这种情况临近时，你可以事先向女儿提出要求，“约法三章”。比如，女儿和祖辈在一起容易任性，那么你带她去姥姥家之前，就该打好“预防针”。

2. 讲道理

你要明确告诉女儿，你的有些要求是不能被满足的，并且，你需要告诉她原因。

3. 激将夸奖

你可以给女儿“戴高帽”，也可以用激将法，说她“不会怎样，不能怎样”，孩子可能就来了“我能……”的劲。这样，也能使她摆脱任性的情绪状态。

4. 让孩子吃吃苦头

比如，女孩拿不吃饭要挟大人。那么，你就赶快收拾饭桌，饿她一顿。这饿肚子的感觉就是最好的“惩罚”。

当然，采用这一方法，一是要确保后果对孩子身心没多大的伤害，二是大人要狠狠心。

5. 不予理睬

在女孩任性地发脾气时，你在料定没什么“安全问题”的情况下，就可以不去理睬她，听任她闹一阵子。等她不闹了再跟她说理。这种方法需要你一不要太性急，二不要心太软。

6. 转移注意力

经常看到这样的情形：女孩非常任性地要做不该做的事，大人非要阻拦不可，但说也不听打也不行，一个要干，一个要拦，相持不下局面尴尬。若在这时推门进来一个生人或发生一件新奇的事，女孩立刻被吸引过去，就不再任性了。这是因为她的注意力被转移了。孩子的注意力是很容易被转移的。你可以在女孩出现任性行为时，利用当时的情境特点，设法把女孩的注意力转移到其他新颖的事物上去。这一方法在任性初期效果更好。

总之，女孩比男孩更贴心、懂事，只是父母和长辈们后天的错误教育导致了女孩任性，改正女孩任性的毛病，需要家长长期引导，进而帮助女孩形成一种自制力！

女孩常见心理疾病有哪些

王女士的女儿12岁了，是个甜美可爱的女孩，成绩虽然不算好，但也不差。王女士一直认为，只要给女儿提供一个好的物质条件，就能让女儿快乐长大。

可是最近一段时间，王女士发现，女儿房间的灯到很晚都没关，而且她看上去郁郁寡欢的样子，好几次还看到她一个人哭，问她什么也不说，只是经常告诉王女士："我好累。"

起先，王女士并没有在意，以为女儿肯定是最近学习压力太大了，心想带女儿出去逛逛街，应该情况会有所好转，但事实并不是如此。最后，无奈的情况下，王女士带着女儿来看某心理医生。

经过心理医生诊断，原来女儿患了抑郁症，王女士听后一惊，她知道很多人因为抑郁症自杀，但女儿小小年纪，怎么会得抑郁症呢？

其实，王女士女儿的情况并不是个案，不少女孩都遇到过，而作为父母的我们也为此担心。近年来，各类媒体报道经常出现一幕幕以孩子为主角的悲剧：孩子轻则不与人交流、自闭，重则砍杀父母、自虐自杀……一宗宗骇人听闻的报道，触目惊心、入耳心寒。孩子原本是父母、教师和祖国未来的希望，何以会出现上述令大家匪夷所思的行为呢？其实这是因为我们的孩子患了心理疾病。

专家认为，孩子有心理疾病，会在行为、言语、生活习惯上表现出来，并且，心理疾病有低龄化的趋势，这应该引起老师和家长注意，孩子在生活中的许多小毛病，可能会导致大问题的发生。

专家建议家长要注意女孩在生活中的行为变化和原因，多和孩子沟通，看看孩子是否有如下心理障碍：

1. 抑郁症

抑郁症的表现有：大部分时间感到心情沮丧、提不起精神、总觉得累；对什么都失去兴趣，包括从前的爱好；体重急剧增加或急剧下降；睡眠方式的巨大改变（不能入睡、长睡不醒或很早起床）；有犯罪感或无用感；无法解释的疼痛（甚至身体上没有任何毛病）；悲观或漠然（对现在和将来的任何事情都毫不关心）；有死亡或自杀的想法。

心理专家认为，能否敞开心扉是一个人能否摆脱抑郁的关键。作为家长，要在生活中多观察你的孩子，如果孩子有这些症状，表明你的孩子抑郁了，你要帮助孩子敞开心扉，必要的情况下要带孩子咨询心理医生。

2. 焦虑症

焦虑症多表现为易紧张、烦恼、焦虑。

3. 强迫症

强迫症多表现为敏感多疑、过分克制、思虑过多、优柔寡断、注重细节、做事要求十全十美。生活中，如果女孩总是重复做一件事、无法停止，就有可能患上了强迫症，精神医学家又称之为强迫性神经症。它是指以强迫观念和强迫动作为主要表现的一种神经症。

4. 恐怖症

恐怖症表现为性格怯懦、胆小害怕、内心总有不安全感。

我们还应特别注意观察女儿有没有“心理问题躯体化”表现，所谓“心理问题躯体化”就是孩子的一些心理问题会表现在身体上的不适，比如产生一些困惑，如紧张、焦虑等不良情绪后，告诉家长或医生的则是头疼、失眠、胃不舒服、没劲儿等。

另外，一些女孩在出现心理问题前，还存在一定人格上的缺陷，多数患者发病前，人格上有一定的缺陷。发病时则与心理、社会因素有关。比如，强迫症多数是由精神创伤或紧张、痛苦的心理压力诱发的。所以从小培养女孩具有健康的人格十分重要。

总之，不管女孩多大，只要发现孩子出现行为异常、学习困难、睡眠障碍、性格缺陷、情感障碍、社交不良、角色偏差等情况，都应该及时带孩子去心理门诊，请心理医生和你一起关注孩子的心理发展，帮助孩子健康成长。

第6章

鼓励教育：帮助女孩养成自信大方的仪态

萧伯纳有句名言："有自信的人，可以化渺小为伟大，化平庸为神奇。"歌德也说："最真诚的慷慨就是欣赏。"自信对于女孩智力发展影响很大，可是很多女孩在一刀切的教育模式下，在人生刚刚起步的阶段，就丧失了自信心。因此，作为父母，我们一定要引起重视，帮助她们重建信心，正视自己，如此女孩的智力与自信心才能完全成长，这样的女孩，也才能适应以后竞争激烈的社会生活！

培养女孩的自信心，父母的责任重大

她是一个双耳失聪的女孩，6岁，她就认识了2000多个汉字，她进了一所普通小学，跳了两级；8岁，她能够背诵圆周率小数点后1000位，打破了当时吉尼斯世界纪录；10岁，她被评为“全国十佳少先队员”“全国残疾人自强模范”；16岁，她成了中国第一位聋人少年大学生；20岁，她被美国加劳德特大学录取为研究生——第一个中国聋人研究生，为此，她在人民大会堂7000人的表彰大会上作了精彩的发言，引起了轰动。

她就是神童周婷婷。

周婷婷真是“神童”吗？所有人都在惊叹这个女孩创造的奇迹，当人们问她父亲周弘到底他用了什么良方时，周弘说：他使用的一直是赞赏和鼓励。其实，婷婷的智商是105，远低于所谓天才儿童的130，但周弘告诉婷婷：“智商只能测记忆力，无法测悟性、灵感，而你正是这方面的天才。”就这样，在父亲的鼓励下，婷婷一步步走上了成才之路。

自信对一个人成长的重要性毋庸置疑，自信能让一个平凡的女孩光芒倍增，而缺乏自信则让一个女孩暗淡无光。但实际上，在培养女孩的过程当中，很多家长的做法经常是挫败女孩的自信心，让孩子的自信心越来越低，当女孩满脸泪水的时候，不是鼓励她，而是一种雪上加霜的斥责“你怎么这么笨”“你怎么这也不会，那也不会”。

其实，家长要明白，女孩只有细心呵护，她才会以积极阳光的心态、自信的精神面貌对待生活中的任何事。有人说“家是能够培养孩子自信心的地方，能够让孩子感到很高的自信心、自我价值感。但是往往相反，让她受到伤害，让她自信心低落，让她自信心没有的地方也经常来自于家庭”。所以，培养女孩的自信心，父母的责任重大。

的确，教会女孩自己做事不容易，但有一个非常主要的原则是，孩子需要父母的鼓励。因此，自信心的培养是家长正面管教女孩的一项基本原则，女孩的潜能应该在父母的鼓励和赞赏下，逐步被挖掘出来。

对于孩子来说，一句鼓励的话等于巨大的能量，等于成功的荣誉。女孩原本娇弱，但并不是没有能力，要永远记住：“成不成为”是一回事，而父母“相不相信”孩子有这样的能力又是另外一回事。

当父母相信孩子有能力的时候，就会传达给孩子一种积极的信心，对孩子的期望会转化为孩子行为的动力，影响孩子将来的成就和发展方向。

没有谁天生是天才，只是大多数孩子因为种种压抑而没有达到应有的高度，于是归于平淡，一位教育家说：“其实所有的孩子生来就是天才，但我们却在他们生命最初的6年磨灭了他们的天资。”我们发现，很多聪明伶俐的女孩，在刚入学的时候就掉队了，而不是到五六年级，以后就再也赶不上“学习尖子”了，她们的潜能始终没有得到发挥，这正是因为经常被家长和老师所否定，自尊心受到伤害，个性长期被压抑。

因此，家长要给孩子能胜任的自信，鼓励女孩“你能行！”

逐步纠正女孩胆小懦弱的性格

我们都知道，中国人素来强调谦让，忍让一直是一种被广泛推崇的美德，是一个温婉大方的女性的必备品质。但忍让不是懦弱，懦弱是不自信、胆怯、丧志，甚至逃避；忍耐则是暂时的，为了能找到更好的“突破方向”。

女孩生性柔弱，很容易陷入懦弱的性格泥潭，父母要把女孩教育成未来社会的强者，避免懦弱性格的产生，就需要引导女孩产生足够的自信，为此家长不妨做到以下几点：

1. 鼓励女孩战胜恐惧

要明确孩子怕什么，针对孩子所怕的事物进行科学的解释和适当的安慰。家长平时也要有意识地从正面对女孩进行勇敢教育。可以给孩子讲一些少年勇敢的故事，以激励孩子锻炼自己胆量和意志。

比如，孩子不敢一个人去厨房或者厕所，家长就可以训练她单独去干点什么，“去帮妈妈把厨房里的杯子拿来，我急等用。”一般懦弱的女孩在天黑之后，让她去厨房，就会有些犹豫，如果家长说“别怕，那儿什么都没有”之类的话，或者见孩子有些犹豫就大声斥责“胆小鬼”，只能加重孩子的害怕心理，让她觉得干这件事很发怵。女孩需要用温柔的方式去呵护，而不是“摧残”，家长需要换一种说法，用很平淡的语气对孩子说：“我要蓝色的那个杯子”或者“请你帮我把两个杯子全拿来，我等着倒水呢”。孩子的注意力就会转移到你让她干的事情上，“拿几个，什么颜色的”而不会在意去哪儿，那个地方怎么样。孩子回来后，家长应给予口头奖励或物质奖励，增加她的自信心和荣誉感。尤其是当女孩主动表现出勇敢和其他正常的、胆大的行为时，家长更应该及时鼓励，这样通过反复强化训练，女孩的胆小懦弱就会纠正过来。

2. 当孩子的“权益”被“侵犯”时，家长要正确地引导，告诉她可以忍耐的限度

比如，当她被别的小朋友欺负时，要让她学会和别人理论，理论无效时，你不妨放手，让她用孩子之间的方式解决问题，要有意识地忽视她这种不满的情绪。

3. 放手让孩子成长

很多懦弱的女孩都属于环境适应能力较弱型，这可能和她的性格有关，这些孩子大多性情沉静、沉默寡言，虽然易形成勤勉、实事求是等优点，但也可能发展成消极、懦弱等性格。这些在长辈的过分疼惜下，穿衣洗脸、剥鸡蛋等小事都被家长包揽，这不仅剥夺了孩子社会化发展的机会，也是造成孩子性格懦弱的主要原因。放手让孩子成长，是解决这个问题的关键。

4. 循序渐进

在强化女孩的自信、克服她的胆小懦弱时，不能操之过急，也不能采取压制的手段。有些家长“恨铁不成钢”，整天大声地斥责孩子，“你怎么这么废物”“胆小鬼”，结果孩子受这种消极暗示的影响，认为自己更不行，什么都不敢做，哪儿都不敢去，胆子会越发变小。

家长应该多想些办法，在自然、宽松的环境中，使女孩的潜意识发生变化，由于这种变化是在无意识中进行的，孩子更易于接受且效果比较好。

多给女孩一些欣赏，她便多一份自信

每个人都渴望得到他人的肯定和欣赏，大人如此，更何况成长中的女孩，我们正面管教女孩，就是要给女孩足够的自信，让女孩拥有积极健康的性格。

一般来说，女孩比男孩更敏感，她更在意周围人对自己的印象，她对自己的评价主要来自外界对自己的评价，如果外界对她的评价主要是积极的，那么女孩对自己的评价也是积极的；如果外界对她的评价主要是消极的，那么女孩对自己的评价也是消极的。因此，作为家长，对于女孩千万不要吝惜你的表扬和赞赏，孩子哪怕有一点点进步，也应该及时给予肯定和表扬。因为多给女孩一些欣赏，她便多一份自信。

女孩更需要悉心的呵护和父母的关爱，作为家长，如果能够给女孩多一些欣赏的语言，孩子便会朝着你欣赏的方向去发展；相反，如果你总是打击女孩，如说“你英语怎么总是这么差啊！”之类的话，那么孩子并不会因为你这么说从此英语就会变好，相反，你的语言让孩子觉得，她的英语就是这么差，而且理所当然就这么差。

有位妈妈这样叙述自己教育女儿的过程：“我在女儿很小的时候就开始教她写作文，刚开始写感到很头痛，经常不知道要怎么写，有时需要我跟她一起想，写完需要我帮她修改。尽管有时改动会比较多，但我仍然告诉女儿，这文章写得不错。而且我会告诉她，这篇文章比上篇文章有进步了，现在的文章比以前写得好了，现在妈妈改得少多了，基本上自己就能写得比较通顺了，等等。我想我对女儿的这些积极的心理暗示会有用的。果然，女儿现在的作文比以前写得好多了，而且自己也知道用一些好词了。女儿有时也会自信地问我：‘妈妈，我现在的作文是不是比以前写得好多了啊？’我的回答当然是肯定的，我相信女儿还会不断地进步。”

可见，父母学会欣赏女孩，对女孩进行积极的心理暗示，有助于提高她的自信。“自信源于成功的暗示，恐惧源于失败的暗示。”

然而，生活中，也有一些父母，当着外人的面这样评价自己的女儿：“你看你女儿学习成绩多好啊，你看我女儿，总考六七十分，真让人着急……”而她的女儿刚开始还扯妈妈的衣服，不让她说，后来好像都无所谓了。女孩脸皮薄，父母应该有所了解，如果常常对女孩进行消极的评价，孩子慢慢也对自己产生了消极的评价，那就是“我不如别人”。随之，女孩也会对自己产生消极的心理暗示，那就是“我就是差”“我好不了”。她一旦对自己做了这样的定位，就真的会变成一个自卑的孩子，家长再怎么批评，再怎么着急，恐怕她也不会再改变了。

因此，作为家长，一定要注意自己对女孩的评价，即便孩子考试成绩不理想，或者说孩子存在这样或那样的问题，也不要轻易指责女孩或对她做一些“定性”的评价，家长要做的是帮助她找到问题存在的原因，然后和她一起想办法改变目前的状况。父母最好的做法是，学会欣赏孩子，找到女孩的闪光点和突破口，用这个闪光点来激励孩子，改变不足。

让女孩在陌生人面前大方地表现自己

身为女孩的父母，我们都希望自己的女儿能成为落落大方、自信十足的人，这样的女孩长大后才能“上得厅堂，下得厨房”，才懂得不卑不亢地待人接物。如何面对胆小怕羞、不自信的女孩，是困扰许多家长的常见问题，也是家长们急于得到解决问题的方法。而解决女孩不自信的一个重要方法就是，让孩子在陌生人面前大方地表现自己，这也有助于开阔她的视野，增加她的阅世能力，从而大大增强她的见识。

家长在让女孩学会大方表现之前，要先分析出女孩胆小、不自信的原因，然后才能对症下药。

4岁的豆豆是个胆小怕羞的女孩。一天，她随妈妈出门，遇见了妈妈的一位朋友。妈妈与朋友攀谈起来，豆豆却胆怯地躲在妈妈身后，低头吸着大拇指。妈妈说：“豆豆，这是丁阿姨，问阿姨好。”豆豆只是抬头看了阿姨一眼，就又低下头，继续吸她的手指。妈妈好言相哄，让豆豆走过来，但豆豆只是摇头。妈妈感到很尴尬，可又不好在朋友面前发作，只好向她的朋友道歉说：“豆豆是个胆怯的孩子，我想她是不好意思。”

其实，妈妈这么一说，无疑强化了豆豆的胆小怕羞。不少家长错误地把女孩的胆小怕羞当作一个大的缺点来对待，急于纠正，但又方法不当。有的家长还强迫孩子在陌生人面前表现自己，当孩子不肯表现的时候，为了给自己一个台阶下，又当着别人的面说孩子胆小怕羞。这样不但不能纠正孩子的胆小怕羞，反而会加重孩子的内心体验，使孩子变得更加胆小怕羞。

其实，家长要尽力为女孩营造愉悦、和谐的家庭气氛，消除孩子的紧张情绪。要多鼓励、少批评，要抓住女孩的闪光点进行表扬，帮助女孩克服自卑，鼓励她勇敢地表现自己、张扬个性。这样就能使女孩克服胆小害羞的习惯，变得大方开朗、热情阳光。这样的女孩就能在陌生人面前大方表现了。那么，具体说来，家长要让你的“小公主”自信地“登场”，还需要做到：

1. 邀请时表达尊重

平常我们习惯说：“宝宝来为大家表演一个吧！”或是“给大家唱首歌！”不管你的巴掌拍得多响，对孩子的尊重度都是不够的，只要换成“宝宝，爸爸想邀请你为大家表演，你是讲个故事还是唱首歌呢？”这句话，用真诚、尊重的态度巧妙地运用二选一的方法，引导孩子快乐地选择，巧妙地用语言为孩子指引行动的方向。

2. 营造氛围，鼓励女孩表演创造

家长可以经常给女孩提供一些表演的机会，如可以一起表演小品或情景剧，组织朗诵、游戏也可以。让孩子在与家人的游戏中，享受亲子时光，热爱表演。

3. 家长以身作则，提供有效的“模仿源”

身教对孩子的影响永远比言教要大，可生活中光说不练的家长还是不少的，要注重自己与人交往的方式，在活动中注重提高自己的参与度和热情度。这样，女孩就不会出现“拒演”的情况了。

让孩子在陌生人前大方地表现自己，通过表演来提升她的自信心，就能提高孩子的社交能力，大方与人交往！

培养积极向上、乐观自信的女孩

有人说，乐观犹如春日的阳光，总能驱散阴霾。乐观是一种美好的品质，我们培养女儿，也是希望她能成为一个积极向上、乐观自信的女孩，如果总是沉浸在阴郁愁苦之中，就很难有所成就，也很难被人欣赏。著名教育学家塞利格曼指出：父母教育孩子的方式正确与否，显著地影响着孩子日后性格是乐观还是悲观。因此，作为父母，一定要积极地营造一个乐观和谐的家庭氛围，让孩子在乐观中逐渐找到生活的自信。

著名潜能开发大师迪翁有个女儿，但不幸的是，在一场意外中，这个小女孩失去了小腿，当迪翁从韩国的演讲赛上赶到医院时，他第一次发现自己的口才不见了。可是女儿却察觉到父亲的痛苦，笑着说："爸爸！你不是常说，任何一个苦难与问题的背后，都有一个更大的幸福吗？不要难过呀！这或许就是上帝给我的另一个幸福。"迪翁无奈又激动地说："可是！你的脚……"

小女儿非常懂事地说："爸爸放心，脚不行，我还有手可以用呀！"

听了这样的话，迪翁虽有几分心酸，可也欣慰不已。

两年后，小女孩升入中学，她再度入选垒球队，成为该队有史以来最厉害的全垒打王！因为她的腿不能走路，每天只好勤练打击，强化肌肉。她很清楚，如果不打全垒打，即使是深远的安打，都不见得可以安全上垒。所以唯一的把握，就是将球猛力击出底线之外！

这是一个乐观积极的小女孩，在最艰难的时刻，她留给人们的依然是微笑，因为她相信父亲的那句话"任何一个苦难与问题的背后，都有一个更大的幸福"，于是，灾难变得不再可怕，而她本人也更有能力面对那场艰难的挑战。

家长在培养女孩的过程中，乐观性格的培养是一个必不可少的成分。也许有些女孩天生比较乐观，有些女孩则相反。但乐观思想是可以培养的，即使孩子天生不具备乐观品质，也可以通过后天的努力来实现。比如：

1. 家长以身作则，用乐观的思维模式影响女孩

如果父母在处理自身问题和家庭问题时持乐观态度，那么孩子通过观察和模仿会逐渐养成乐观品质。当孩子遇到不利的事情而悲观时，父母应带领孩子对问题进行多方面的思考和衡量，并让孩子明白她的思想中存在的逻辑错误。

自信乐观的父母总能培养出心态乐观的孩子，他们能够为女孩营造这种积极乐观的氛围。

2. 要经常引导孩子完成力所能及的任务，使其体验“成功”的快乐

对于一个人来说，能够产生愉悦的情绪，莫过于完成任务的满足感和自豪感了，因此，作为父母，要让孩子在完成学习、劳动任务中，或在游戏活动中体验到“成功”的快乐。

3. 帮女孩消除不良情绪

孩子一旦有了不愉快的事情，家长要设法消除其不良情绪，恢复其愉快的心境

总之，培养孩子乐观的心态，父母要身体力行，营造出一个乐观而温馨的家庭环境，让女孩快乐地学习、快乐地生活。教会女孩正确面对批评和挫折，学会乐观向上，帮助她克服羞

怯和抑郁的悲观因素，多给予赏识与鼓励，笑声与温暖，女孩就会逐渐形成乐观开朗的性格。

鼓励女孩当众说话、大胆社交

多多是个很普通的女孩，学习成绩一般，长相也一般，但是她想当班长，因为害怕被同学们嘲笑，她一直没有付出行动。

后来她看了一本小说，故事中女主人公双目失明，但她并不自卑，她每天都会站到人群中去享受阳光，她还大胆地参加了歌唱比赛，最后，她真的成功了。

自那以后，多多受到了鼓舞，她也要变得自信起来，于是，她主动向老师报名了。在参加竞选演讲时，她对全班同学说："我是个普通的女孩，我并不是全班第一名，我也没有当过班长，但当班长是我一直以来的心愿，我也有信心一定能协助班主任老师管理好班级工作，希望大家相信我……"当她说完这番话，同学们鼓起了热烈的掌声。

最后，全班同学都投了她一票。

现在的多多已经上大学了，她说，这是她人生中最难忘的一次经历。

这则案例中，我们看到了一个小女孩在受到鼓舞后变得自信，并敢于参与竞争的过程，最终，因为她的自信，她成功赢得了同学们的支持。

事实上，每个女孩都是天生的表演家，她们有出色的语言天赋和人际交往能力，她们能歌善舞，当男孩还在牙牙学语时，女孩已经学会唱歌了。当男孩为一个玩具打架时，她们已经为诗歌朗诵努力了，只是在后天的成长过程中，有些女孩逐渐变得内敛、沉默，为此，对于父母来说，我们要努力把女孩培养成敢说、敢于表现的人。

具体来说，家长可以这样做：

1. 帮助女孩克服恐惧

恐惧是良好表达的天敌，一个人在“不敢说”的前提下是“说不好”的，在“不敢做”的情况下也是“做不好”的，唯有卸下恐惧的包袱，在行为中注入自信的力量，才能成为一个敢于表现自己的人。

如果你的女儿一在人前说话就紧张，那么，很有可能是恐惧心理作祟。你可以告诉她：不要害怕失误，因为谁在人前都有可能犯小错误，即使错了，只要你能随机应变，不动声色地进行调整，听者是不会发现的。

2. 鼓励女孩当众说话

你不妨告诉女孩以林肯、丘吉尔这些成功的演讲者为榜样，他们的第一次当众演讲都是因紧张而导致失败，并让女孩在心里作自我暗示：人前表现自己，紧张心理的产生是必然的，也是不可避免的，我不该害怕，我只要做到认真说话，就一定能做好。抱着这样的心理，她的紧张心理会慢慢缓解。

3. 激励女孩大胆参与社交

我们都知道，女性善于用“关系”看待周围的世界，是天生的交际家。交际是一门艺术，但生活中，我们发现，不受同学欢迎，人缘差，成为困扰很多女孩的一个问题，每一个女孩都希望自己受大家的欢迎，能融入周围同学中。

为此，作为父母，要帮助女孩找出原因，其实细究起来，多半是和女孩的羞怯、胆小有关系，如果你想让女孩拥有良好的人际关系，首先你要鼓励女孩敢于走出去。

另外，你还可以教女孩学会一些交往技巧，同时让她多参加一些社交活动，在活动中逐步培养开朗的性格。

当然，以上只是一些较为简单的建议，在生活中，父母可以抓住女孩的性格特点，鼓励她多参与人际交往，多表现自己，这对她以后的发展将会有很大的帮助，这也是竞争力的核心部分！

永远做女孩坚实的依靠

人活于世，我们都需要一种归属感，拥有归属感才能带来安全感，而女性也是如此，女孩最初的归属感和安全感都来自父母，因此，当女孩心灵受伤时，我们要让她们明白，父母是她们永远的依靠，这样，女孩的自信心和自尊心都能得到保护。

的确，女孩天生比男孩细腻，更易受伤，女孩在失意、落魄的时候，更需要我们对其心灵的呵护，对此，我们需要做到：

1. 和女孩保持交流

和女孩保持交流，我们才能随时了解女孩的心理动态，才能及时给予她鼓励，相反，家庭中的沉默会给她的自尊、自我价值感以及她对未来家庭关系的信任带来毁灭性的影响。

女孩在生活中受挫的时候，家长应该接纳她的感受，那么，她就可能学会接纳、控制、喜欢或者应对自己的感受。另外，家长也可以帮助她提出要求。比如，对她说，“我想你现在很难过，给你一个拥抱，你会感觉好点儿吗？”这样的话能让她放松地表达自己的想法：“我现在心情不好，我来是想得到一些安慰。”

2. 做女孩最后的庇护者

父母是孩子最后的庇护所，因为父母对孩子非常重要，虽然在某些时候或情况下，家长可能觉得自己缺乏足够的情感储备，不能为孩子提供其所需要的慰藉。这个时候，你无须对女孩说什么或者做什么，而应该好好考虑一下，除了你与她保持亲近外，她是否还需要你为她做些什么。要让她恢复对自己的信心，其实并不需要付出太多的努力。

（1）当女孩请求你原谅时，请接受她抛来的橄榄枝，并尽力忘记那些不愉快的事情。

（2）为她提供庇护，并不意味着你永远对那些已经发现的有问题的行为视而不见、不理不睬。

（3）积极主动，想她之所想——预见她的感受，如果你认为她需要，主动给她安慰。

（4）在没有压力的寻常时间里，找个机会开诚布公地告诉她，在她需要的时候，家永远是她最后的庇护所。

3. 支持女孩，直面压力

不仅是成年人，未成年的女孩同样有来自各方面的压力。比如，学习压力、身体成长带来的心理压力、交友压力等，面对各种压力，她们可能比成年人更加迷茫而不知所措。

作为父母，如果女儿长时间地难过或者郁郁寡欢，并且超出了你的预期，或者变得富有攻击性，离群索居或者不愿与人交往，睡眠不安，注意力不集中，或者过分依附他人，这时，她可能正面临痛苦难过，需要家长采取一些慰藉她的行动。此时，你应及时告知她事情的变化及作出的决定，以便她感觉到没有失去控制。保持生活的常规不变，以强化她的安全感。

女孩生来就有一种娇弱的特质，正如花儿一样，需要父母的精心呵护；只有给予她足够的爱，她才会理解爱的内涵，才会积极健康、乐观向上的成长，这不正是父母所希望的吗？做女孩坚强的精神后盾，她的成长才有保障！

不要放大女孩的“失败”

阳阳这次又没考好——70分，放学回家后，她一头钻进卧室，连饭都不出来吃。

妈妈一看，便知道女儿心情不好，并没有责骂地，而是耐心地问：“你前一名的同学考了多少分？”

“75分。”阳阳小声地回答。

“女儿，别灰心，咱下次考试的时候争取超过他，好吗？”妈妈试探着问道。

这时候阳阳毫不犹豫地说：“行！”阳阳这时在想，区区5分，肯定能超过的。

从那以后，阳阳努力地学习，不仅上课认真听讲，还按时完成作业，对于自己不懂的问题，她不是问老师就是问同学。终于，在一个月后的会考中，阳阳居然考了85分，连她自己都没有想到。

案例中，阳阳妈妈是个教育的有心人，女儿考试失利，她并没有责备，而是耐心劝导，并给孩子设置了一个小的目标——超过排在她前面那个同学，这对于女儿来说是很容易达到的目标。结果，阳阳通过妈妈的鼓励和自己的努力，不但成功了，还给妈妈一个惊喜。

可见，当女孩在自信心受到打击时，家长一定要给予鼓励，让孩子从失败中吸取教训，进而奋起直追，一步步走向成功。

那么，作为父母，该如何让女孩从失败中获得成长呢？

1. 帮女孩找出失败的原因

失败是不可能避免的，父母不要大惊小怪，应正确对待，弄清楚女孩犯错误的原因。从年龄角度出发，女孩都有犯错误的“权利”。年龄小，经验不足，辨别能力又很低，再加上缺乏抵制能力和自制能力，都是使她们容易失败的原因。

2. 适当表扬，让失败的女孩重获自信

女孩在失败、自信心受到打击的时候，她最需要父母帮助点燃心中的希望，看清自己的潜力。家长鼓励她坚信挫折只是暂时的，因为绝境与努力无缘。女孩在你的鼓励下就会跃跃欲试，而在有了成功的体验后，就有面对困难懂得尝试的意识了。

3. 鼓励女孩再次尝试

女孩在失败后一蹶不振、不敢尝试。很多时候是因为她们将目标定成了成功，如果我们告诉女孩，再“试一试”，而不要求结果，孩子的内心就会轻松许多。

所以，即便是一次失败的努力，也让孩子从中有所收获。所以当女孩拒绝尝试时，父母要及时地给予鼓励，鼓励她去尝试，哪怕是一次失败的尝试；如果女孩能在尝试中成功，就会给她们以成就感，从而获得面对困难的勇气；如果尝试失败了，父母再出面予以帮助，在帮助中获得技能，让她懂得面对困难挫折不是退缩，而是勇敢地去解决。

4. 借助女孩的其他优势来激励她

在某一领域里的充分自信，可以帮助女孩更好地面对来自其他方面的挫败。如果面临挫折，女孩将自己的优点丢在了脑后，父母一定要提醒她，借助优势激励她改变弱势的信心。

总之，作为父母，我们不要让女孩成为一个弱者，不要让她在失败中不堪一击，更不能让她像鸵鸟一样在遇到危险的时候，把头藏在沙土中以获得心灵上的解脱。这就需要父母掌握好教育的方法，不在女孩受挫时放大她们的失败，相反，我们应该帮她们重获信心，培养女孩的抗挫折能力。

第 7 章

培养界限感：引导女孩学会自我保护

作为成人，我们都深感社会越来越复杂，人生越来越艰辛，未成年的孩子，尤其是女孩，天生娇弱，更面临许多不可预料的复杂局面。父母可以为女孩创设安全舒适的生活环境，却不能一生都围在她的身边。离开父母和家庭，女孩能不能很好地独立生活，能不能识别社会上一些不利于孩子成长的因素，这是父母们必须考虑的问题。女孩自我保护的训练必须从小开始，学会应对陌生人是孩子自我成长的最重要一步。

让女孩学会克制自己的欲望

生活中，不少父母都强调教养女孩就是给女孩足够的物质条件，这样，女孩才会在保护下长大，才不会被别人的小恩小惠诱惑。乍一看，这是有道理的，但家长忽略的是，女孩最终是要自己面对社会的，不可能一辈子在父母的庇护下长大，唯有教会女孩如何独当一面，才是真正地保护孩子，这其中，就包括控制女孩的欲望，从小不给女孩太多要求的机会，自然，她就明白，天上不可能掉馅饼，只能靠自己努力，才能拥有自己想要的。

法国教育家卢梭在《爱弥儿》一书中对已为父母的人说：“你知道用什么办法准能使你的孩子得到痛苦吗？这个方法就是：百依百顺。因为有种种满足他欲望的便利条件，所以其欲望将无止境地增加。结果，使你迟早有一天因为无能为力而表示拒绝。但是，由于他平素没有受到过你的拒绝，突然碰了这个钉子，将比得不到他所希望的东西还感到痛苦。”

作为女孩的父母，我们一定要切记，面对女儿的要求，不可有求必应、百依百顺，不然孩子的头脑中就会逐渐形成一种思维定式：我要什么马上就能有什么。

所以，为了让女孩学会控制自己的欲望，学会靠自己的双手和劳动来创造幸福生活，学会在未来社会中拒绝诱惑，家长要从小引导女孩，不要总是满足女孩的欲望。

1. 让女孩学会期待

习惯了在期待中获得满足的孩子，能学会主动控制自己的情绪，不会为自己的要求被拒绝或暂时被拒绝而“大动干戈”，也更稳重，将来也能抵挡住眼前小利的诱惑，并有意识地调节和支配自己。因此，对于女孩的一些要求，家长可以答应，但是可以延迟一段时间，让女孩学会在期待中获得很多东西。

2. 从小事引导女孩学会善解人意

比如，你可以和女孩商量，因为工作上有个紧急的事需要打电话，所以暂停陪她看动画片。如果孩子不肯，你可先肯定孩子：“要是把重要的事耽误了，妈妈会着急的，你是懂事的孩子，你愿意让妈妈着急吗？”“不愿意。”“那你就等妈妈一会儿，好吗？”孩子一般会答应的。如果她将玩具散落一地后提出到外面玩，你可以答应她的请求，但前提是让她把玩具放回原处。

3. 经常从精神上鼓励和肯定她

让女孩习惯并平静地接受欲望被拒绝，离不开鼓励，当女孩的“表现”比以往好时，父母一定要肯定她，给予精神的小奖励，让她觉得自己的努力没有白费，是值得的，从而获得精神上的支撑。

家长正面管教女孩，其中重要的一个方面就是要让女孩学会克制自己的欲望，从小让女孩不要有太多的欲望，让孩子在未来社会中控制欲望，是每个家长的责任，学会拒绝诱惑，也是女孩必备的本领！

培养女孩自我延迟满足的能力

“金无足赤，人无完人”，人最大的敌人是自己。任何一个人成功成才的前提，就是战胜自我，同样，培养新时代的女性也是如此。让女孩学会约束自己，她才能战胜未来生活中的种种困难，取得成功。

关于这一点，心理学上有个概念叫延迟满足，它指的是，人们为了获得更大的目标，可以先克制自己的欲望，放弃当下的诱惑。如果一个人没有忍耐的这种能力，那么，则会在遇到压力时退缩不前或不知所措。

周周看到冰箱里的冰激凌，嚷嚷着要吃，但此时她正咳嗽、嗓子疼。妈妈就跟她解释：“你现在正病着，吃了嗓子就说不出话来了，等过几天好了再吃。”“我就吃一点点。”“吃一点你的嗓子也会比现在疼得厉害，还得吃更多的药，等病好了，可以给你吃一个蛋筒。”周周经过权衡利弊，选择等病好后吃一个蛋筒。

周周妈妈就是在理性地教育女儿，这是正确的，小女孩往往对自己的要求只是感性上的，并不知道它的利害关系，家长帮助孩子认识到这一点，她就会慢慢地了解什么是该要求的，什么不可以要求。

我们所说的正面管教女孩，就是要遵循每个女孩的天性，但这并不意味着我们要满足女孩的所有要求。相反，适当延迟满足，能培养孩子控制自己欲望的能力。这一点，需要家长在生活中加以贯彻实施，当你的孩子明白只有付出才有回报时，她也就拥有了一定的自控力。

那么，作为父母，如何培养孩子自我延迟满足的能力呢？

1. 不要什么都迁就女孩

当她们要某个东西时，我们可以适当延迟一下时间，如过半个小时再来处理孩子的要求，在这个过程中，她的忍耐能力在无形中就提高了。

2. 视情况而定，看她的要求是否合理

当女孩提出某个要求时，家长是否立刻满足，最重要的是看这个要求合不合理。如果家长认为孩子的这个要求是合理的，就应该马上满足；如果家长认为孩子提出的要求不合理，就一定要拒绝。但需要注意的是，你必须在拒绝她的时候告诉她原因，告诉她怎样做才是对的。

3. 立场要坚定，态度要温和

如果你想拒绝女儿的要求，那么，你必须表现得立场坚定，进而让女儿明确自己的要求是无理的，但同时，你的语气必须要温和，这样才是真的以理服人，才能让女儿感觉你依然是爱她的。

比如，女儿想买一样东西，你可以这样说："抱歉，宝贝，妈妈最近经济有些拮据，大概三天后妈妈才能发工资，那么，这三天妈妈必须努力工作，你能帮妈妈在这三天干点家务吗？到时候妈妈再给你一点补助，三天以后再买给你好吗？"这样态度温和地说，是让孩子感受到："虽然妈妈没给我买，但妈妈是有原因的，妈妈也是爱我的。"

假若我们在教育女孩的时候态度温和，客观地看待女孩的要求，当女孩做出任何不好的举动时，也能包容和接纳，那么我们在与女孩进行一切互动时，都能很好地把握分寸。

从小培养女孩的自我保护意识

相对于男孩来说，女孩的身体更脆弱，更容易受到外界的侵害，但是父母不可能永远当女儿的保护伞，因此，我们有必要从小就培养女孩的自我保护意识。

父母要告诫女孩注意以下几点，从而增强自我保护意识：

1. 怎样摆脱坏人跟踪

当女孩一个人走在回家的路上，无意中回头发现有人时隐时现总跟在后边，当你注意他时，他却不自然地躲开；你走他也走，你停他也停，这表明你被坏人跟踪了。面对这种情况，父母要告诉女孩这样做：

（1）不能惊慌失措，要镇静。

（2）迅速观察环境，看清道路情况，哪儿畅通，哪儿不通；哪儿人多，哪儿是单位。

（3）立即甩开坏人。方法就是跑开。向附近的单位跑，向有行人、有人群的地方跑。如果是夜晚，哪处灯光明亮，就往哪儿跑。如果附近有居民家，往居民家里跑求救也可以。

（4）可以正面相视，厉声喝问："你要干什么？"用自己的正气把对方吓倒、吓跑；如果对方不逃，可大声呼喊，引来行人，或者自己乘机迅速跑开。

（5）如果被坏人动手缠住，除了高声喊，还要奋起反抗击打其要害部位，或抓打面部；你身上或身边有什么东西可用，你就用什么东西，制止坏人接触自己身体、侵害自己。平时，这几方面要加以注意。①放学回家出外活动时，尽最大可能创造条件结伴而行，减少单人行走的机会。②不在行人稀少或照明差的地方走、游玩。如果时间晚了，要想办法通知家人去接你。③尽可能不向外人泄露自己的家庭情况，以防坏人听到后，了解你的行动规律。④切忌冒险，不可存有侥幸心理。不要老用“没事儿”来安慰自己。另外，女同学穿着打扮要落落大方，不要穿过于“露”“透”的衣服，不给坏人可乘之机。

2. 要防止别人的非礼

青春期的女孩很容易被一些非法之徒侵害。因此，更需要引起高度警惕，有效地保护自己。遇到有人试图非礼你的时候，千万不能胆怯、畏惧，要理直气壮、义正言词地斥责他们，在气势上把他们镇住、吓跑；或者摆脱他们，返回学校求助老师。对个别动手动脚的非礼行为，要大声喊叫，求助路人，借助群众的力量，制止坏人继续作恶。

另外，女孩不要轻易去下列这些地方：

（1）住人较少的学生宿舍。

（2）狭窄幽静，灯光昏暗的胡同和地下通道。

（3）无人管理的公共厕所，高楼内的电梯，无人使用的空屋。

（4）夜晚的电影院、歌厅、舞厅、游戏厅、台球厅等。

（5）公共交通车辆上，在人多拥挤、起步、停车，急刹车时。

（6）在搭乘的陌生的车辆上。

3. 关于自身财务方面的保护

很多女孩粗心大意，再加上遇到危险时的胆小懦弱，很容易发生财务被盗窃甚至抢劫的情况，家长要告诫女孩有意识地保护自己的财产。

教会女孩巧妙应对陌生人

一天，妈妈在做饭，菲菲待着无聊，就说出去玩会儿。

不到一会儿，一个陌生的叔叔走过来说："小朋友长得真可爱，叔叔带你去看小猴。"菲菲说不想去，这位叔叔又说："你爸爸和我是好朋友，他在公园门口等我们，让我带你和他一起去看小猴。"菲菲点点头。

正当陌生男子要抱菲菲时，妈妈在楼上从窗户中探出头来喊："菲菲——快回家吃饭了。"听到妈妈的叫声，陌生男子赶紧走开了。

然后，妈妈从楼上下来，赶紧抱起女儿，吓得她一身汗："乖宝贝，你差点上当受骗了，好险啊！"

社会上诱骗、拐卖女孩的犯罪现象时有发生。让罪犯得逞的原因之一，就是女孩缺乏必要的自我保护能力。这些女孩往往被陌生人的一些小恩小惠所蒙骗，这就告诫父母，我们一定要教会女孩学会自我保护，认真培养女孩的自我保护意识和能力。为此，父母可以从以下几个方面培养女孩应对陌生人的能力。

1. 告诉女孩，不要轻信别人

女孩的单纯和幼稚往往是某些人利用的工具，如“我是你爸爸的朋友”“我是你妈妈的同事”等，这样一说，孩子就容易把对爸爸妈妈的那种信任转移到陌生人身上，轻易地听从别人的话。

告诉孩子，无论在家里还是在外边，遇见自称是爸爸妈妈同事或朋友的人，只要父母不在身边，告诉他们自己不认识他们，然后离开，不要再理他们，也不要听他们的解释。因为，孩子的思维水平远不及成人的思维水平。

2. 谢绝陌生人的礼物

对于小女孩来说，玩具、好吃的零食、漂亮的衣服，都会让她们感兴趣，缺乏自制力的女孩很容易被诱惑。

对此，家长要让她明白，无论多么诱人的东西，只要不是自己的，不经过爸爸妈妈同意，就不能接受；让她明白，陌生人不会无缘无故地送给自己东西，自己也不能随便接受别人的礼物。

有时对孩子来说，拒绝诱惑是很艰难的。所以，家长在平时就要扩展女儿的知识面，尽可能地让孩子接受周围事物，见得多了，孩子也就不再大惊小怪了，再加上爸爸妈妈的嘱托，一般情况下，孩子会在一定程度上拒绝诱惑。如果孩子尚不能理解其中的道理，那就教会孩子简单而坚决地说“不，我不要”！

3. 拒绝陌生人的请求

一些心怀不轨的人，为了骗取小女孩的信任，会利用她们的同情心而求助于他们，等孩子相信自己后再行动。

对此，家长要告诉女孩，如果有陌生人请求帮助的时候，让他们去找大人、去找警察，这不是推卸责任，而是为孩子自身安全再提供一层保障。

我们也倡导互助友爱、互相信任的人际环境，然而，年幼的女孩尚不具备分辨能力，无法进行自我防卫，一旦有任何危险，她必然是受害者，要想女孩平安地生活和成长，就要让她拒绝一切伤害。学会怀疑、拒绝，这是女孩应对陌生人必需的素质，因为，女孩幼小的身体和心灵经受不住大的伤害和打击。

培养女孩遭遇危害时的情境应变能力

身心尚未成熟、社会经验不足的女孩，在面对侵害行为、自然灾害和意外伤害时，往往因处于被动地位而受到侵害。父母永远是女孩的保护伞，但不能随时随地地呵护女孩，但交给女孩自我保护的本领的前提是，必须提高女孩的自我保护意识，其中就包括遭遇危害时的应变能力。这样，当面对一些突发的事故和侵害时女孩才会积极争取社会、学校和家庭等方面的保护；当这些保护不能及时到位的时候，女孩也会尽自己所能，用智慧和法律武器保护她们的合法权益。

具体来说，家长可以从三个方面进行强化：

1. 在平时就给女孩灌输自我保护的思想

其实，女孩的自我防护意识本身就很薄弱，在遇到一些紧急情况时往往手忙脚乱，不知所措。为提高女孩的自我保护意识，杜绝发生安全事件，让她们健康快乐地成长家长必须从小给女孩灌输自我保护的思想。

2. 运用游戏的方式强化女孩的应变能力

在紧急状况下，女孩不可能记住只告诉她们一遍的事情。教会孩子应对陌生人的安全规则，是强化孩子情境应变能力的重要手段。而教会孩子这一原则的有效方法是通过做“要是……该……”的游戏，让孩子通过独立的思考对潜在有害的情境做出防护反应。例如，“雨下得很大，要是有陌生人邀请你搭他的车回家，你该怎么办？”“要是陌生人叫你的名字，并说你爷爷受伤了，由他来学校接你回家，你该怎么办？”“要是在放学回家的路上有人跟着你，你该怎么办？”

3. 通过讲故事教女孩学会应变伤害

家长可以通过故事的形式教女孩学习故事中人物的勇敢、

沉着、机智的精神和本领。例如，《狼和小羊》故事中小羊识破老狼假面孔的经过，会给孩子很大的启发。请看以下情境：

（爸爸戴上墨镜扮演陌生人，妈妈扮演邻居阿姨，孩子假装独自在家。）

陌生人："快开门！"

孩子："你是谁呀？"

陌生人："查煤气的。"

孩子："我爸爸倒垃圾去了，他马上就回来，你稍等一下。"

陌生人："赶快开门，我查完煤气还有许多别的事！"

孩子："邻居的阿姨在家，你先查她家的。"（大声地）"马阿姨——有人查煤气——"

陌生人：（慌慌张张地走了。）

邻居阿姨：（开门出来）"这肯定不是查煤气的！是个骗子！"

这些假设是让女孩知道，在某些情境下有些陌生人不是好人。从中她还会知道，当陌生人朝自己走来或感到危险逼近自己时应当怎么办。这种信息增强了女孩自我防护的意识，同时也使她们在日常生活中遇到许多没有危害的陌生人时不必感到恐惧。

总的来说，保护女孩免遭伤害最直接、最有效的是家庭防范。许多女孩身心受到伤害，很大原因是丧失警惕和自护能力，家庭对女孩缺乏教育和保护。保护女孩免受伤害，是每个父母的责任，当女孩还小的时候，就应该让女孩懂得一些自我保护的知识，让她在生活中有意识地保护自己，这样，女孩生活的安全系数就高多了。

引导女孩正确与男同学交往

由于性别差异，女孩在与异性交往的过程中，更容易受到伤害，这也是很多父母担心的，甚至对女孩的一言一行都过分恐慌，以为杜绝女孩与异性交往，就能保护女孩，其实，这是错误的，只要女孩学会保护自己，懂得在与异性交往过程中保持一定距离，就是安全的。对于女孩的异性交往，在孩子成长的任何阶段，都需要父母正确的引导。

女孩，尤其是青春期女孩，由于生理的原因，对异性充满了神秘感，并不懂得什么是真正的爱情，在与异性的交往过程中，也没有有意识地保护自己，很容易走入情感的误区，让身心受到伤害。父母充当着保护女孩的责任，但保护女孩，也不能杜绝女孩和异性的交往、和异性交往是正常的，切忌给正当异性交往的女孩贴标签，用“早恋”或硬手段来对待女孩，往往是纯洁的友谊被误解了，给孩子美好的青春生活留下人为的伤害和遗憾。

家长正面管教女孩，做好每一阶段的异性交往引导，才能给女孩创造一个静等花开的过程。为此，我们要告诉女孩：

1. 尊重男同学是交往的前提

异性相吸是青春期的必然阶段。处于青春期的少男少女会产生一种强烈的要求接近异性、渴望交往的愿望，这种心理很多女孩自己也说不清楚。面对这种难以捉摸的情感，心中会产生这样或那样的烦恼。

青春期女孩在男同学面前所表现出的种种不得体，主要在于不了解男女相处的艺术，不了解异性相吸的自然性，夸大了异性的神秘性。如果改变了对异性的看法，她们的行为也会有所改变，不妨大大方方地与男同学交往，坦然面对异性，慢慢地，就能用平和的心态与男同学交往了。

2. 要培养健康的交往赏识

男女同学间广泛接触，友好相处时，不管是男同学还是女同学，不要先把性别作为是否可以接触的前提。同学之间不存在可以接触、不可以接触的问题，更不能人为地设置影响互帮互学共同进步的心理障碍。

3. 和男同学交往，要本着以事情为核心

在学校里，可以在老师的指导下广泛开展集体性活动，如勤工俭学、社会考察、参观访问、文体活动等。在集体活动中互相增进了解、沟通情感，清除由于不相往来而造成的隔阂。

4. 与男同学建立良好的关系

学生时代的男女同学之间，应建立亲如兄弟姐妹那样的友谊关系，尤其是男女同学单独相处时，一定要理智处事，光明磊落，善于把握自己的情感。

青春期除了是女孩身体发育的时期，也是性格、人格等逐渐完善的时期，更是情感的萌发期，家长应该鼓励女孩以坦荡的心态和男生交往，在交往的过程中，以尊重为前提，把握好度。

“父母是孩子的第一任老师”，鼓励女孩发挥出自己积极主动的力量，把精力用于学习、生活中，从而展示自己的优秀。同时引导孩子们与人交往，保持一定距离，离得太近或太远都会给人一种不舒服的感受，从而教女孩学会及时地调整与异性交往的问题。其实，女孩进入青春期渴望与异性交往，是其身心健康发展的重要标志。教会女孩学会与异性和睦相处，是对未来婚姻家庭的准备，也是对未来事业发展和社会人际关系适应的必要准备。

教女孩维护自己的正当利益

在女孩的眼里，世界是以关系为主的，更注重关系的女孩常常会放弃自己的正当利益而赢得友谊，正因如此，女孩才更容易受到伤害。因此，在女孩小的时候，父母就应向她们灌输一种思想：能够体谅他人是你的美德，但你一定要学会爱自己。

贝贝今年上二年级，平时很讨人喜欢，在学校小伙伴们都喜欢跟她玩。

一次考试，她正准备答题，同桌小虎说自己没有橡皮，让贝贝借给她，但是用完后一直没有归还，贝贝也因此而没办法涂改，这次考试考得一塌糊涂。

妈妈猜测女儿肯定遇到什么事了，不然以她平时的学习成绩不应该考成这样，贝贝就告诉了妈妈前因后果。

妈妈听后跟她说："能够热心地帮助别人，说明你是个善良的孩子。但你有没有想过，把橡皮借给同学之后，你再用橡皮怎么办，这会不会影响你的考试成绩？"

"但如果我不借，同学会说我小气的。"

"妈妈并不是让你不借给别人东西，只是想告诉你，别人的评论固然重要，但自己的正当利益更重要。"……

听了妈妈这些话，贝贝似懂非懂地点了点头。

被同学借走橡皮只是一件小事，但足以看出女孩不懂拒绝他人、不懂得维护自己正当权益的危害。这样的女孩在未来很有可能为了满足别人的需求而失去"自我"。现在一些失去"自我"的家庭主妇不就这样吗？为了孩子、老公而放弃了自己的工作、忘记了充实自己，结果却落得个老公弃她而去，甚至连孩子也嫌弃她。因此，不想女孩很容易就失去“自我”，家长在女孩小的时候就要告诉她：要维护自己的正当利益，要学会爱自己。当今社会，女孩要和男孩一样参加激烈的社会竞争，一味地忍让，只会把唾手可得的机会让给别人，这样的女孩又怎能出类拔萃、脱颖而出呢？更为严重的是，女孩长时期的忍让，会使得孩子陷于低落的情绪，对于女孩的身心发展也是不利的。

因此，当女孩的权益被侵犯时，作为父母，应该保护孩子，要及时地鼓励女孩：如果你不喜欢他这样对你，请你直接告诉他，要大声对他说：我不愿意把这个玩具给你玩，请还给我。另外，也要注意教育女孩关于规则和礼貌以及与人分享——但与人分享是在规则和礼貌的前提下的，而不是利益在被侵占的前提下。你与我有礼貌的商量，我愿意与你分享；你与我分享，我也与你分享。让女孩懂得这些规则，才能在未来社会的竞争中永立不败之地。

别让女孩成为网恋的牺牲品

王姐有些烦恼，她的女儿默默每天放学回家，连拖鞋都顾不上换就坐到电脑旁，和相隔千里的另一方聊了起来。王姐这几天发现了女儿的不对劲，再看女儿的表现，也就猜得八九不离十了。她怎样才能把女儿从网络爱情的虚幻中拉出来呢？

很多青春期的女孩和默默一样，因为紧张的学习把自己压得喘不过气来，于是偶然的机遇，接触了网络爱情，和网络中的对方交谈时，能暂时抛弃学习和生活中的烦恼，尽情地吐露自己的不快。那么，网络爱情现实吗？

在如今高科技时代，网络成了许多人生活中不可缺少的一部分，甚至网恋也在逐渐蔓延，虚幻的情感使得许多女孩为之神魂颠倒，并呈上升趋势。也许正是虚幻的美丽，给了大家一个想象的空间，也给了网恋一个极大的市场。毕竟网恋有的只是情感上精神上的沟通，真正现实中的许多问题在网络上根本无法体现出来，网络的虚拟与现实中的真正接触还存在一定的差距。网络上即使有爱，也必须在现实中才能得到发展，否则不过是空中楼阁，太难以实现了。青春期衔接着女孩的童年和青年，是人生的岔路口，是长身体、学知识、立志向的重要时期，失败的网恋，会让女孩有一种说不出的痛。因此，父母一定要告诉青春期女孩，要提高警惕，不要让自己成为网恋的牺牲品。

的确，关于网恋的话题实在太多，是否现实也是相对于其对象和群体而言的，不同的人对它的看法也是不同的，有人避而远之，唯恐不小心掉进网恋的陷阱让自己受到伤害；也有人觉得无所谓，认为如果遇到自己喜欢的人，在网上来场精神恋爱也不错；还有人认为网恋虽然美丽浪漫，却总是太虚无，美丽过后太痛苦，想尝试却又害怕，于是多了一份暧昧的感觉。

诚然，因为网恋成功地走进幸福婚姻殿堂的大有人在，但是，我们发现，这些女性基本上是成年女性，而不是处于青春期的女孩。青春期的女孩，对社会没有全面深入的认知，看不清网络世界中，很多人都戴着虚假的面具，很少在别人面前流露自己的真情实感与内心想法。青春期的女孩在网络世界中，对着电脑，的确少了许多压力，单纯的你们可以卸下所有的伪装，在网络中用坦然的文字与人进行交流，在情感的世界中毫无保留地释放着自己的心情，可是你能保证对方也是以这样的心情跟你交流吗？

网恋的美丽浪漫，让上网的人拥有了一份虚拟空间的网络情缘，但网恋也可能是一个致命的陷阱，所以，家长一定要告诉女孩，要正确对待网恋，不要奢望，不要伤害，不要轻易释放内心的情感，也许是最好的结局。网上闲逛，可以浏览一些对自己有益的知识，也可以和投缘的朋友倾诉自己的情感，但要保留一份界限，避免让自己陷入网恋。

第8章

性格养成：好性格让女孩受人欢迎

不难发现，在我们生活的周围，有一些女孩总是很讨人喜欢，她们“得道多助”，无论走到哪里，都有朋友，都不会感到孤单，这是因为她们有阳光般的性格，能让周围的人感到快乐。的确，对于女孩来说，最重要的莫过于拥有一个好性格，父母要教育女孩，不仅要掌握知识、提高学习成绩，还要让她在生活中逐渐形成自信、勇敢、豁达、乐观的个性品质，只有这样，她才能拥有一个愉悦的人生。

女孩的好性格一定要从小培养

当女孩长大成人，父母最欣慰的莫过于她积极健康、乐观向上，同时又很自信、自尊、自爱。而这些，都需要父母的精心培育。具有活泼、开朗、热情、乐观等良好性格的女孩，都生活在和谐融洽的家庭气氛中，都生活在父母的爱心呵护下，她们的家人之间的关系正常良好。但父母塑造女孩良好的性格，除了讲究教育方法和态度外，还要注意从小培养。

无论身处顺境或逆境，好的性格会让女孩坦然面对生活，并不懈努力；而不良的性格则会让女孩走弯路、受挫折，甚至一辈子碌碌无为。那么，女孩的性格是天生的还是后天形成的呢？又是何时形成的呢？

在中国，有这样一句古话："三岁看大，七岁看老。"这句话是有一定根据的。美国一项最新研究显示，人的性格在童年时期的早期就能形成，从六七岁孩子身上可以预测出他成年后的一些行为。

对于这一发现，曾有这样一项研究，研究方是美国加利福尼亚大学里弗赛德分校、俄勒冈大学和俄勒冈研究所的研究人员。

研究报告主要作者、加州大学里弗赛德分校博士生克里斯托弗·内夫说，研究结论令人吃惊。"我们仍可辨认为同一个人，”他说，“这正好说明了了解性格的重要性，因为它可以跨越时间和环境，追随你一生。”

先前研究显示，虽然人的性格可以改变，但这并不容易。内夫说:“生活中发生的事件仍对人的行为构成影响，但我们必须承认未来行为中性格所起的作用。”

从这一调查研究中，我们可以看出，童年早期的烙印对一个人的一生都具有持久深远的意义，不论是对童年、青年还是成年都是如此。等一个女孩长成青年或成人，再让她改变自己性格的许多方面，那将是非常困难的。虽然在关爱她的人们的努力和帮助下，她仍有可能改变自己性格的某些方面，但那需要时间，需要她本人和她周围的人很有耐心。

因此，童年早期正是人一生中培养真正的人性品质、态度和行为的阶段。在此期间，要培养积极的情感和态度，建立良好的人际关系，学会分辨好坏，培育良知，懂得善良与公正。

作为父母，我们要知道，女孩的性格多数是由家庭来建立的，不要错误地以为女孩的性格是天生的，还有，也不要错误地认为女孩的性格是由学校、老师来培养的。家庭对女孩的性格影响是十分大的，父母如果想培养一个性格好的女孩，就要从各个细微处入手。

家庭环境对女孩的性格形成极为重要

不得不承认，每个人从呱呱坠地开始，就开始归属于一个家庭，家庭也为我们的性格打上了最初的烙印，这是人出生后最初的教育场所。父母的性格，父母的教育方式、教育观念，在家庭中所处的位置以及所扮演的角色等对一个人性格的最终形成有非常重要的影响。从这个意义上说，家庭是制造性格的工厂。

所以说，给女孩一个良好的成长环境是让她健康成长的关键。瑞典教育家爱伦·凯指出：环境对人的成长非常重要，良好的环境是孩子形成正确思想和优秀人格的基础。这句话也充分说明了家庭环境对人的性格形成影响之大。

我们一直强调正面管教女孩，其实也是这个道理，每个女孩，只有在温馨、和谐的家庭环境下，才会感觉到轻松、安全、心情舒畅、情绪稳定，有利于女孩形成良好性格。因此，从这一点看，家庭中的父母长辈，也都应该以快乐的情绪生活，并为女孩建立一个温馨和睦的家庭氛围。

为此，父母需要为女孩提供一个舒适的生长环境。父母们要记住：所有女孩的优秀品行都不是从天上掉下来的，而是适应环境条件培养出来的。女孩在出生之后，就要尽可能地为她营造一个安静祥和的成长环境，从小使她对生活充满无限的积极幻想，这样，她们长大之后，才能更有品位地生活。

曾经有一项跟踪调查是从孩子的婴幼儿时期开始的，经过调查表明，那些在和谐、有爱的家庭环境下长大的孩子，更具备这样一些优势：宽容大方、积极乐观、努力上进、求知欲强，且智力发展水平高、有开拓进取精神；思想活跃、合作友善、富于同情心。

相反，那些小小年纪被送进少管所的孩子中，很多是因为家庭关系不好，如吵架、离婚，对孩子的教育不重视，严重影响了孩子的身心健康发展，致使孩子走上歧路。

家庭成员间的关系如何，会对女孩在以下两个方面产生影响：

那些幸福、温馨的家庭中，成员之间是互相信任的，在这样的环境中成长，女孩终日耳濡目染，在潜移默化中学会了热情、诚实、善良、正直、关心他人等优良的性格品质。

另外，在这样的家庭环境中，成员之间是互相爱护的，对于女孩，他们也是疼爱有加的，因此，除自己的学习和工作外，有更多的精力关心女孩，有利于女孩的智力开发，知识经验的积累以及能力的提高，为入学后的学习打好基础。

女孩犹如一株花苗，在一个和谐的家庭中才能健康地成长，才能含苞待放。为了女孩，也为了全家的幸福，父母长辈们应该随时保持好心情，从而为女孩创造一个良好的成长环境。

总之，良好的家庭情感，和谐的家庭气氛可给女孩良好影响，每一位家长都应从女孩形成优良的性格品质、健康发育成长的责任出发，重视营造一个温馨和睦的家庭环境，以利于女孩的成长。

教育女孩学会自尊自爱

我们正面管教女孩的目标之一，就是培养女孩的好性格，女孩性格好的前提就是自尊自爱。女孩学会正确认识和处理友谊和爱情的关系是非常重要的。

家长要明白的是，无论男孩还是女孩，恋爱是人生的必经阶段，女孩适时地恋爱，找到一个称心、理想的爱人，可能会成为她生活、事业的动力。但是，如果过早地谈恋爱，就可能成为她前进的阻力，甚至会酿成苦酒，葬送青春。因此，教育女孩学会自尊自爱，父母义不容辞。

那么，作为家长，应该怎样教会女孩在与人交往中做到自尊自爱呢?

（1）让女孩和异性接触时，以集体和小组活动为主，尽量避免过于频繁的个体接触。

（2）提高警惕，若女孩单独与异性接触，要使她处于受保护和开放的环境中。

（3）让女孩明白，要珍惜少男少女间的纯洁友谊。

（4）教女孩学会择友慎重，交往适度。

（5）鼓励女孩与异性交往，但在与异性交往时应把握活动内容的有益、健康，避免庸俗、低级。

（6）理智、情感与行为的高度统一。当女孩萌生初恋的倾向时，要让女孩理智地解决问题，此时，不妨用伟大女性——居里夫人的事例告诉女孩学习的重要性。

对于成长期的女孩来说，对异性产生一种好感是情理之中的事，但稍有不慎，就可能把它理解为是梦想中的爱情，作为女孩的父母，要注意女孩的思想动向，及时地对女孩加以引导，使其思想步入正轨。

女孩天性柔弱，在以往社会被认为是弱者，但随着时代的发展，女性早已和男性平等地站在一起，但女性必须自尊自爱，从小拥有一个不卑不亢的性格，而作为父母，更需要用富养的方法教会女孩保护自己，好性格会伴随女孩掌握自己的命运，拥有幸福健康的一生！

如何培养出性格豁达的女孩

这是一位妈妈的教育心得：

“我们经常利用各种节假日，带女儿游览祖国的大好河山，受益匪浅。尤其是女儿上了三年级以后，我们带她出去旅游的机会就更多了，如带她领略泰山的雄伟壮观；带她到内蒙古，体会那种‘天苍苍，野茫茫，风吹草低见牛羊’的壮阔；带她游览海南岛，观赏热带森林植物的瑰丽和神奇。我们没有刻意地去教育女儿要有宽广的心胸等，但是，孩子却在这一次次的游览中，增长了知识，开阔了眼界。令我们高兴的是，女儿在一次次的经历中，拥有了宽广的胸怀，很少会因为日常小事无谓地烦恼了。”

案例中的妈妈的教育方法是值得我们学习的。古今成大事者，不但要有大志，还要拥有宽广的胸怀。胸怀是人格的具体体现，具有宽广胸怀的人，才能成为人格高尚的人，而这正是家庭教育的目的之一。

的确，家长在教育女孩的时候，精神上的养育绝不能少，这样教育出的孩子才能不畏恶劣的生存环境和残酷的社会竞争，依然能够傲然挺立，拥有比天空还宽广的胸怀，开创出一方属于自己的天地。

家长可以采取一些辅助教育方式，避免孩子狭窄心胸的形成，有以下三个方面家长可以尝试：

1. 多带孩子出去旅游

多带孩子出去走走看看，让孩子开阔眼界。眼界宽的人，胸怀也会宽广。

2. 在阅读中培养孩子宽广的胸怀

因为书籍中有无数值得孩子学习的心胸宽广的故事，这些故事对孩子的启迪远比家长的说教要好得多。

3. 身体力行，做孩子的榜样

家长是孩子的第一任老师，父母如何待人接物、心胸是否宽广，直接影响到孩子。父母平时待人要和蔼，一些琐事没必要斤斤计较，更不要发火和出口伤人，因为父母的一言一行都映射在孩子幼小的心灵上。

“我们经常教育孩子心胸要宽广，要宽以待人，对待他人要热情等。一次，楼上邻居晾晒的衣服不断滴下的水把我就要晾干的衣服又淋湿了，害得我把衣服重洗了一遍。但我只是客气地提醒楼上的邻居，没有生气发火。还有一次，我在送孩子上学的路上，被一辆自行车剐了一下，手很痛，骑车人不断地说‘对不起’，我看着有些红肿的手背，只告诉骑车人要注意安全，就让他走了。孩子问我：‘妈妈，你怎么让他走了？万一你的手骨折了怎么办？’我笑着对孩子说：‘没关系，妈妈的手不会骨折。一会儿就会好的。叔叔也不是故意的。他已经道歉了。’”

总之，父母要明白，我们都想让孩子成为一个成功者，但真正成功的人一定是个心胸宽广的人，斤斤计较者满足于眼前的小利益，最终与成功无缘。因此，家长一定要注意女孩豁达性格的培养，不要让女孩原本豁达、宽广的胸怀被搁浅甚至埋葬！

要尽早在女孩心里种下善良的种子

人们常说：“人之初，性本善”，女孩天生善良，富有同情心，从小会为受伤的小动物流泪，会为不正义的事气愤。然而，在女孩成长的过程中，一些父母经常会为女孩灌输这些思想：“社会如何尔虞我诈。”“人与人之间如何钩心斗角。”“别人打你，你也打他，打不过就咬。”“咱们宁可赔钱，也不能吃亏。”这是现在很多父母在教育女孩时经常说的话。也许父母都是为了女孩好，告诫女孩要有防人之心，要学会保护自己，可是这些父母都忽视了对女孩进行善良教育。特别是孩子们的母亲，要用自己的爱，教育女孩“从善如流”，让她从小养成博爱、同情、宽容等品德。

一个健康的孩子就好比一棵树，必须以善良为根，正直为干，丰富的情感为蓬勃的枝丫，这样才能结出美丽、善良的果子。孩子善良的情感及其修养是人道精神的核心，必须在童年时细心培养，否则难有效果。

那么，家长该怎样让女孩从小保持一颗善良的心呢？

1. 父母之间相互爱护

有人说，最好的家庭教育是父母相亲相爱，这样，能让女孩感受到爱，而且，从小生活在这种环境中，会让女孩有一种积极、温暖的心，父母之间的一言一行都影响孩子的态度。从父母恩爱、彼此尊重的家庭里走出来的女孩，更懂得去爱别人，她们对家人温和亲爱，对外人也谦让有礼。

2. 父母要先表达对女孩的爱

可以有以下几种办法：

（1）无论多忙，一定要抽出时间跟女孩谈天，建立亲密的感情。

（2）随时关心女孩的成长和身心发展的状况与需要。

（3）给予女孩种种帮助与作为，必须具有正面的意义。

（4）确实了解女孩以后，才给予正确的引导与协助。

3. 父母要从自身做起，要富有同情心和爱心

涓涓之水，汇成江海，爱的殿堂靠一沙一石来构建。自小给予孩子同情心和怜悯的情感，是在她身上培植善良之心、仁爱之情。孩子最初的同情心和怜悯心是成人同情心和怜悯心的反映。所以，父母同情别人的困难、痛苦的言行会深深打动孩子，感染和唤起孩子对别人的关心。

比如，在公共汽车上，如果遇到老人，家长对女孩说：“你看，那个爷爷多辛苦啊，我们让他坐到这里来吧。”邻居

生病，家长带着女孩去探望问候。再如，看到小朋友摔倒了，家长启发女孩："想想你摔倒时，是不是很疼？小朋友一定很难受，快去扶起他，帮他擦擦脸。"……

父母对周围人应表现出真挚的同情，并帮助身边正遭受痛苦和不幸的人。父母还应以自己的善良感染和陶冶女孩，在孩子的心中撒播善良的种子。要热忱支持女孩的献爱心活动，为了培养孩子的爱心，学校、社会也要为孩子创造一些有利条件。

总之，家长平时注意对女孩一点一滴的培养，一言一行的引导，在平时生活中关注孩子，培养孩子的善心，那仁慈博大的爱心，就会在女孩心头扎下根，并会随着女孩的成长而不断扩展和升腾。这样的女孩才能充满仁爱之心！

个性幽默的女孩更积极乐观

有位父亲很幽默，他在教育女儿时，经常采取幽默的方法，如女儿生气了，他说是"晴转多云"；女儿伤心流泪了，他劝她"轻伤不下火线"。餐桌上，他还经常来几个即席小幽默，让大家开开胃。他这样做，既活跃了家庭气氛，又拉近了和女儿的心理距离。

大概家长都希望女孩能积极乐观，其实，我们可以尝试运用幽默的方法来对女孩进行熏陶。在日常的亲子沟通中进行幽默交流，不仅能让女孩逐渐获得幽默的个性品质，更能让女孩成为一个受欢迎的人，因为没有人会拒绝能带给自己快乐的人。

每一个做父母的，都希望自己的女儿具有幽默感，可幽默感不是与生俱来的，是后天养成的。

其实，每个女孩与生俱来都有幽默感的因子，如果父母能好好鼓励并加以培养，让女孩成为一个幽默的人不是一件难事。据研究发现，幽默感从出生后第一个月便开始了，如婴儿在父母的逗弄下，便会呵呵地笑个不停；而1岁左右的孩子，会因为玩“藏猫猫”而狂笑不已。孩子希望自己拥有幽默感，这是他热爱生活的表现，每个家长都应该感到高兴。但幽默不仅仅是制造笑料，更要在幽默中体味生活，培养乐观向上的人生观和勇于开拓的创新精神，这比开心更重要。家长在引导女孩具有幽默感特质时，应注意一些事项：

（1）幽默感的语言以不伤害他人为原则。

（2）幽默感的语言要注意人际间的礼貌。

（3）幽默感的动作以不涉及危险动作为原则。

（4）与孩子说笑话或表演滑稽的动作时，要考虑孩子的年龄。因为大人认为好笑的语言或动作，孩子不见得有同感。但孩子认为好笑的语言或动作，大人要陪孩子一起笑(虽然从大人的角度来看也不见得好笑)。

（5）孩子最快乐的莫过于做自己喜欢的事情。即使孩子不能完成，大人也不可操之过急，应耐心地等待、引导，并适时给予协助。

可见，充满幽默感的语言和事物能让女孩眼睛亮起来，无形中也刺激了女孩的思维和语言能力。当你对女儿说："再不收拾玩具，以后就不给你买玩具了。"其实不妨加一点"幽默调味料"，如"玩具们玩了一天都累了，要回家休息了，不然它们要哭了。"让自己和孩子在有目的语言和气氛中轻松一下。

总之，给女孩足够的空间，让她们寻找自己的生活乐趣，而不是独揽孩子的一切，就能培养出一个幽默健康、积极向上的女孩，好性格会让女孩受益一生！

培养勇敢刚强的女孩

我们都知道，温柔是女人最好的性格之一，但温柔不代表软弱，女孩也应该和男性一样，做到适当的干练、勇敢，因为未来激烈而残酷的竞争是不会对女孩格外关照的，培养女孩刚强勇敢的性格，是父母义不容辞的责任之一。

很多儿童心理学家认为，我们应当允许小女孩保持她们的本性，允许她们表达自己全部的情绪，而不是压制那些不太为人们所接受的方面。女孩刚强的性格从某些方面也必须培养，允许小女孩保持本性和表达情绪，是激发女孩潜质的基础，也是成功女性所共有的财富。那么，家长该怎样培养刚强勇敢的女孩呢？

1. 帮助女孩认同并喜欢自己的性别

女孩要勇敢坚强，并不是要将女孩当成男孩来培养，相反，我们更要让女孩认同并喜欢自己的性别，因为只有这样，她们才能刚柔并济，才能保持本色。因此，如果我们的小女孩喜欢跟洋娃娃玩，喜欢穿粉红色的衣服，是个乖乖女，我们也决不轻视她女性化的趣味。鼓励她喜欢自己是个小女孩，和她一起打扮，会使她感觉做女性的美好。我们可以告诉她她很美，如她有一头很漂亮的头发。当然，最重要的是让她明白，作为一个女性能做什么，这样等她长大以后就会有一个健康的观念。

2. 鼓励女孩玩活跃的游戏

在合理的范围内，积极地鼓励女孩去做她们想做的事情，包括激烈活跃的游戏。她们想把自己弄得乱糟糟的，或者她们想扮成挎着枪的牛仔，就随她们去吧。如果我们总是对女孩说，你不能这样，你不该那样，那么孩子长大以后，就会变得胆小怕事，不自信。一个缺少自信的孩子，又怎能激发自身的潜质，成就未来呢？

值得一提的是，攀爬、蹦跳、奔跑可以刺激发展孩子的协调能力，没有理由说女孩不可以玩这类激烈活跃的游戏。当然，游戏中安全必须是第一位的，引导技巧也很重要。如果女孩想从第五级往下跳，我们不妨对她说第五级有点高，我们先从第三级试试，最好不跟她说她不能。因为，我们对她做这些体育活动的能力的信心就是她树立自信心的源泉。

3. 激发女孩潜质的六大技巧

（1）鼓励她大胆走出去，结交新的玩伴。

（2）鼓励她挑选新玩具，以激发她的兴趣。

（3）鼓励她参加体育游戏，克服害羞、恐惧。如果她从体育游戏里逃走，也不要强行她参加，可以牵着她的手鼓励她。

（4）给孩子一些身体接触，如拥抱，让她感受到来自你的爱。

（5）陪她一起做女孩的事，如花一下午的时间来做化妆游戏，给她做头发，也让她给你做头发。

（6）允许她玩男孩的玩具，如球类和带轮子的玩具。

4. 让女孩敢作为的最重要的一点，就是让她从小树立自己的理想

女孩要有所作为，必须有努力的目标，而这个目标，必须适合女孩的兴趣、爱好，要让女孩自己做决定，总之，不管她选择做什么，我们都要鼓励她享受她所享受的。这样，无论是芭蕾还是足球比赛，相信她都会成功的。

我们培养优秀的女孩，就是让女孩刚柔相济，既拥有女孩

的阴柔，又敢作敢为，能作为一个独立的社会人，发挥自己的价值。这一性格的培养需要父母从小培养，尊重女孩、认同女孩，让女孩在父母的理解和尊重下长大，女孩必然能不卑不亢地自立于世！

培育女孩大方从容的个性

前面，我们已经分析过，女孩的世界是以关系为主的，她们把世界看成一种关系，她们倾向于关系式的生活方式。女孩的优势也将围绕关系展开——她们天生喜欢语言、社交和与人交流，这促使她们去发展与之有关的技能。但同时，女孩又是敏感的，更容易因为身边的人和事产生负面心理。女孩要想拥有良好的人际关系，就必须拥有好性格，其中重要的一点就是要有大方从容的个性，这一点，需要父母教会孩子从容、大方地面对一切。

女孩大方、从容的性格往往受到很多天生或者不良心理因素的制约，主要有害羞、腼腆、敏感等，帮助孩子克服这些，就能让女孩大方、从容地与人交往，从容看待一切。

其实，腼腆、害羞是很多女孩子都存在的一个问题。对此，父母们千万不要着急。只要面对孩子的害羞行为，我们不犯“贴标签”“不体贴反指责”的错误，采取循循善诱、增加锻炼机会等教育方法，我们的小公主自然会成长为一位大方得体的优秀女孩。

具体来说，我们可以这样引导女孩：

1. 带女孩子多做客

要想让女孩告别害羞、腼腆，父母就必须给予她更多与人接触的锻炼机会。做客就是最直接、最有效的一种方式。

做客前父母应先向女孩介绍一下造访的对象，让孩子有一定的心理准备；其次还要帮助女孩树立一定的信心。比如，可这样鼓励孩子：“王阿姨特别想见你，她们家还有一个小哥哥，有很多玩具，一直都想跟你玩。”诸如此类的话，可以帮助孩子消除陌生感，树立信心。

2. 鼓励女孩招待客人

父母也可经常请亲戚朋友到家中做客，给女孩创造当小主人的机会。比如，让女孩招待客人，为客人沏茶倒水，与客人交谈等。当然，我们不必急于求成，而要循序渐进，锻炼女孩的胆量。

3. 告诉女孩她很棒

腼腆的孩子往往自我感觉差，在社会活动中有一种“被抛弃”感。因此，父母要帮助她们发现自己的长处。其实，每个孩子都有其闪光的一面，父母的教育就是要将孩子闪光的一面继续发扬光大。当孩子对自己的能力充满信心时，大方不忸怩的个性自然会水到渠成地形成。

4. 引导女孩坦然面对于生活中的任何事

女孩比男孩更敏感，也更脆弱，但生活中，逆境和困难甚至灾难，不可避免，让女孩从容面对一切，能让女孩练就一副金刚铁骨，从而面对未来生活中更大、更强的挑战。

因此，作为父母，无论是人际交往中，还是日常生活中，必须培养女孩的平常心，教她从容、大方地面对一切，让女孩拥有迷人的性格，成就公主般的气质！

第 9 章

自我管理：独立的女孩更有魅力

当今社会，虽然已经不是男人主宰一切了，但女孩要想在竞争激烈的社会中站稳脚跟，还必须学会独立、有主见地做人、做事。让女孩独立，这一任务对于父母来说，责任重大，其实，父母可以从日常小事开始，如告诉孩子“自己的事情自己做”、多参加社会实践、让女孩参加家庭讨论等，循序渐进，长此以往，女孩就会变得独立，早日担当一份责任！

从小培养女孩“自己的事情自己做”

有位妈妈在谈到教育女儿的心得时说：“我们家里虽然是祖孙三代同住，可孩子的爷爷奶奶对女儿的独立性培养很重视。只要是女儿能力范围之内可以完成的事情，我们都让孩子自己做，其他人在旁边，在必要的时候给予她指导。突然有一天，女儿高兴地说：‘我自己会穿衣服了，你们都去忙吧，我自己的事情自己做。’让我感到十分高兴的是，她竟然真的自己穿上了衣服。虽然穿得歪七扭八的。我不失时机地夸奖了她，她高兴得一蹦一跳的。”

和这位母亲一样，要教育出自立的女孩，必须培养她的自理能力，这就要告诉孩子“自己的事情自己做，”因为她总有一天会长大，小的时候受到一点挫折，凭借自己的力量解决，以后就会独立成长。女孩总要离开父母的怀抱，走进竞争的社会，家长越早放手，女孩越早成熟。尽早让她自立，孩子的责任感会增强，逐渐有了自己的主见，也就学会自立了。要想培养女孩的自理能力，家长应注意以下几点：

1. 父母首先要学会放手

首先父母要有让孩子独立的意识，否则所有的行为都是一句空话。而所谓独立的意识，简单地说就是孩子能做的让他自己做，因为每个人的生活终将是每个人自己过，家长不能在他幼儿时剥夺他独立生活的意识。只有这样，孩子以后才能走得好、让家长放心。

2. 自己的事情自己做

女孩到了两岁，已经可以做一些事情，这正是培养其自理能力的好时候，而从自己身上开始做、自己能做的事情自己做，这是一个很好的方法，如自己喝水、自己走路、自己吃饭等。

3. 不要扼杀女孩的自理萌芽

其实，每个女孩都有自己动手的欲望与萌芽，不同的年龄段有不同的表现，比如1岁多时爱甩开大人自己走路、自己抓饭来吃、自己穿鞋子等，因为她们对这个世界充满了好奇，想通过自己双手的触摸来探索。 当女孩有这样的表现时，家长要用笑脸来鼓励她去做。

4. 父母不要着急，保持足够的耐心

我们经常看见：女孩半天没穿好衣服或鞋子，妈妈冲到她面前，边数落边快速地帮她把鞋或衣服穿上。孩子动作都是慢的，因为这个世界对于她们来说就是新的，我们看上去很简单的东西，对她们来说则不是，都要去学，反复练习才能做到。所以，家长要有足够的耐心。

对于上述提到的问题，其实我们可以提前出门，这样，哪怕孩子做得慢，也不会耽误时间。

5. 对女孩的良好表现给予奖励

可以给奖励的东西，但不能是物质的，最好是口头上的奖励，如摸摸她的头、冲她笑一下，或者给她一个大拇指，这就够了。女孩从家长的表情、动作就可感知你的鼓励。每个人都是有惰性的，大人是，更不要说孩子了，关键看惰性来了时怎么去引导。

总的来说，家长正面管教女孩，就是要鼓励女孩自己的事情自己做，在女孩自己做时家长要有耐心，要容许女孩犯错误，只有这样，才能培养出一个独立、自理能力强的女孩！

培养有个性、有主见的女孩

一位妈妈问教育专家："如何让我的女儿有主见呢？我女儿从小就很听话，可最近她刚入了幼儿园大班，老师经常要求小朋友说出自己的想法。这时候，她听话的优点就变成了缺点，因为她老是显得没有主见和缺乏应变能力，老师说她做事不够积极主动。我一下子觉得压力挺大的。对于这样听话的女孩，我不知道该用什么样的方式让她积极主动？"

这大概也是很多父母的困惑，因为我们都知道，女孩只有有自己的主见，才能主宰自己的人生。

的确，每个女孩子都是与众不同的，如同我们不可能找到两朵相同的花儿。每个女孩都有不同的感受事物的方式，玩耍的方式、思维的方式、学习的方式、享受的方式。正是这些“个别的特性”使她成为“独特”的女孩。

然而，现实生活中，却有不少父母“为孩子拿主意”，要知道，总是压制女孩的想法，很容易让她产生屈从的心理，这样的女孩是缺乏主见的。因此，家长要尊重女孩的个性，应该对其内在品性的各个方面进行更为明确的理解，真正地了解女孩，才能根据其个性打造其独特的人生，让她更自信。

那么，作为父母，该怎样培养出有个性的女孩呢？

1. 在生活小事上让女孩自己拿主意

在生活中，要让女孩学会自己拿主意，如吃什么、穿什么，女孩只有有自己的主见，长大后才不会凡事随大流，才不会失去自我和个性，才不会成为别人的尾巴，听别人摆布，或者为了满足他人的爱好，而不惜天天戴着精心制作的假面具，违背自己的人格。

2. 尊重女孩的感觉

女孩都有自己的想法，尽管她们的想法可能是幼稚的，甚至是错误的，但我们不能轻易否定她，要尊重她的感觉和选择。

3. 给女孩一些选择的机会

在听话的女孩身边，往往有个细心、周到、能干且具有绝对权威的家长，他为女孩计划好了一切，却忘记了询问孩子的意见。父母应该多听听女孩的意见，多给女孩一些选择的权利。比如，家长可以问："今天咱们是去游乐场呢还是去植物园""明天奶奶过生日，咱们送给奶奶什么生日礼物好呢"。要记住，一旦你把选择的权利交给了女儿，就要接受她的选择。

4. 别阻止女孩冒险

当孩子想要你帮忙拿挂在高处的东西时，你可以不直接帮助她，而是换个方式："你自己有办法拿到吗？""如果站到沙发上，可能会站不稳……对，站椅子上是个好办法。""我想这个椅子对你有些大，你可能搬不动……嗯，这个小椅子很合适。""哇，你居然用晾衣叉自己拿下来啦，真聪明。"

总之，父母要给女孩最大限度的自由，才能培养孩子的个性。不过我们不能让女孩任意妄为，父母应该给孩子定下一个原则，在这个原则之下，给女孩充分探索、自由活动的时间和空间，不要紧盯孩子的一举一动。

适当放手，让女孩学会独立

当今社会，任何人都需要有独立面对生活和竞争的能力，为此，父母要培养女孩的独立自主精神，不能依赖任何人。这样的女孩才能在未来有自己的世界和独立能力。

曾有一位母亲伤心地讲述她念大学的女儿的生活经历：“我女儿学习成绩很好，也很听话，但什么都不会做，现在上大学了，连洗衣服、收拾床铺都不会，老师给我打电话说：‘你把她惯坏了。’”

的确，女儿本是母亲的贴心小棉袄，应该是坚强、勇敢、独立的，但父母的娇惯使她成了一个无独立行为能力的人。

这样的女孩并不少见，生活中，很多三四岁的女孩不能自己吃饭，五六岁的女孩不能自己系钮扣。事实上，过度娇惯和保护女孩不是爱她，而是害她。

当今社会，女孩渴求和男孩一样独立，这是时代的要求，而父母的教育是女孩独立的资本，家长必须克服以不妥的教育方式：

1. 避免社交上的“过度保护”

女孩天生比男孩娇弱，需要父母的保护，但不能保护过度。不少家长怕孩子吃亏或学坏而限制其与外界接触，一旦孩子与小朋友或同学间发生争执或不愉快的事情，多数家长采取袒护自己孩子而指责对方的态度，由此常常发展成家长间的争端或摩擦，对孩子也会产生负面作用。

2. 避免生活上的“包办代替”

很多家长在生活上以“包办代替”女孩衣、食、住、行为快，怕孩子弄脏、累着而不让他们做任何家务劳动。总之，这种“包办代替”从横向涉及孩子生活的方方面面，从纵向一直延伸到孩子成人。但家长忘却的是，你的女儿将来也要为人母，也需要照顾一个家庭，一个连洗衣、做饭都不会的她如何担负起做妻子、母亲的责任？

3. 避免经济上的放任

女孩是娇贵的公主，于是，不少父母对女孩的要求有求必应，且不说那些经济条件好的家庭，就连经济拮据的家庭，家长也会只苦自己而对孩子大方。我们看到，现在不少女孩上下学都“打的”，在学校比吃的、穿的、用的，这纯粹是由家长的溺爱、娇惯，特别是经济上的放任所造成的。

家长要明白，女孩即将成为社会的一分子，你不能一辈子保护你的“公主”，她需要你的呵护，但不能过度保护和纵容，你不妨放手，让孩子自己独立。因为孩子也是独立的个体，也有自己的观念和判断。也许她们的生活经验还不足，在生活中会犯一些错误，但孩子犯错误是可以理解，也是必要的。

孩子在成长的过程中需要吸取教训，积累经验。如果不给孩子自由发展的空间，孩子没有足够的实践，那么将来需要自主选择时，很可能会束手无策，也就无法真正独立起来！

注重对女孩动手能力的培养

现在很多女孩是父母的“掌上明珠”，全家围着女孩转，恨不得把所有的事情都替她做了，但是家长要冷静地想一想，这种教育方法可行吗？现在不让女孩做，等女孩长大了，她就什么都不会做，也懒得去做，因为在她的心中，爸爸妈妈早晚会为自己安排好的。这样的女孩未来能担负一个贤良淑德的妻子和一位称职的母亲的责任吗？更别说成为一个合格的社会人了。

因此，父母从现在开始不要什么事都为女孩代劳了，鼓励孩子自己动手，具体有以下方法：

1. 要让女孩学会自理

女孩学会走路之后，活动范围明显扩大许多，这时的孩子非常愿意做些事情。但是她们手、脚的协调能力还不完善，做起事来常常“笨手笨脚”，家长千万别嫌孩子麻烦或碍手碍脚而剥夺女儿学习劳动的机会，家长可以耐心地、反复地给孩子做示范，让孩子模仿，慢慢地就会从不熟练到熟练，最后运用自如了。可以教孩子逐渐学会系鞋带、脱衣服、放被褥、收拾自己的房间，洗一些简单的东西，等等。

2. 鼓励女孩力所能及地帮助别人

家庭生活是一种集体生活，也可以看作是社会的缩影，家长要引导女孩多为父母做些事情，可以是一些很小的事情，如扫地、擦桌子、洗碗筷等，从小培养孩子为他人着想的意识。

3. 对于年幼的女孩，鼓励她们参加益智游戏

不少父母可能认为，不是男孩才玩益智游戏吗？其实，女孩动手能力不如男孩，参加益智游戏正好弥补了这一不足。

在人的智能结构中，幼儿的许多知识技能都是在操作活动中学会的，其思维也是在操作活动中逐渐发展的。因此，为女孩提供各种动手操作的机会，既满足了她们的动手兴趣，又提升了女孩的动手能力。

游戏是幼儿运用智慧的活动，在游戏中女孩的感知觉、注意、记忆、思维、想象都在积极活动着，女孩不断地解决游戏中面临的各种问题，这使孩子的思维活跃起来，有利地促进女孩的注意力、记忆力、思维力、想象力的发展，同时也促进女孩动手能力的发展。

4. 善于激励女孩

当孩子努力去做了，或做得很好时，家长要立即予以称赞和鼓励，以调动孩子的积极性，增强孩子的自尊心和自信心。这种称赞尽量不要以物质的形式，如给孩子买玩具，买好吃的东西等，因为这样容易刺激孩子的虚荣心，时间久了，反而会阻碍孩子的健康成长。

总之，生活中处处都有机会，女孩的动手能力随时都可以

培养，父母要改变传统的价值观，鼓励女孩多玩，在玩的过程中让她多看、多听、多想，关键是多动手，把女孩培养成为一个自信、乐观、有创意、心灵手巧的人！

引导女孩参与家务劳动

生活中，我们都知道，女儿天性娇弱，需要父母的呵护，但在未来社会，她们同样需要和男孩一样参与竞争，没有独立能力，一切无从谈起，而家庭是孩子发育成长的最重要场所，是女孩日常生活的出发点和归宿。因此，培养女孩的自立能力可以从家庭入手，让女孩在学习之余承担一定的家务劳动，从而让女孩明白生活中不仅有享受，还必须负有一定的义务和责任，有助于孩子早日当家。

有位家长在谈到自己教育女儿的心得时说："出于对自己成长过程的反思，我对女儿从小就比较注重独立能力的培养，要求她自己的事情自己做，按不同年龄承担一定的家务劳动。从幼儿园大班开始我们就要求她洗自己的碗，现在上学了，除了完成学习任务，家里扫地与倒垃圾两件事也由她'承包'。当然一开始她并不总是乐意去做这些事的，这时我们就用适当的奖励方法鼓励她坚持下去，如做一次就可得到一个五角星，积累一定数目的五角星就可以带她去吃一次肯德基，这样一来，她能不能得到她想要的就完全取决于她自己的行为，这种‘他律’促使她一天天坚持下去并逐渐过渡到‘自律’，认为是自己分内的事而自觉地去做，慢慢形成习惯。”

这位家长是教育的有心人。的确，女孩将来要想立足于社会，就必须具备独立生活的意识和能力，而从小学习做家务，养成一定的劳动习惯，这是对于她未来生活的非常重要的准备。

家务劳动是每个孩子应该接受的劳动教育的重要部分，是素质教育中一个极其重要的方面，家务劳动是家长帮孩子树立正确的劳动观念和培养劳动习惯的最佳方式，对孩子将来成为国家合格的建设者，培养其高尚的道德意志和品质，发展其聪明才智及动手能力都有重要意义。

俗话说，播种行为，收获习惯。所有的习惯都是从最初的行为开始，家长对女孩的家务劳动教育也要遵循这个规律。家长可以从以下几个方面着手：

（1）珍惜女孩最初的劳动欲望，放手让女孩去模仿去实践，提供参与练习的机会。

（2）尽可能以游戏方式加以引导，使劳动成为女孩的快乐体验，这对于年幼的女孩尤其重要。

（3）手把手地教给孩子一些劳动的技能，光要求孩子做而不告诉她怎样做常常是无效的。

（4）合理安排家务劳动的时间，处理好学习、玩与劳动三者之间的关系。

对她们来说，劳动过程就是一种娱乐，一种游戏，如果把纯粹义务性，没有任何兴趣的劳动安排给女孩，反而会引起她的反感而不利于劳动情感的培养。家长应该从女孩的兴趣进行引导，在劳动过程中融入游戏性，满足她们的童心与好奇，鼓励她们参与劳动，同时提出一定的要求，慢慢养成良好的劳动习惯和能力。

让女孩积极地参与到家庭生活的方方面面，让她感觉到自己不是家里的客人而是主人，当女孩体会到了她在整个家庭里并不是可有可无的，她确实是被整个家庭所需要的时候，她对家庭的责任感也会油然而生，更主要的是，有利于女孩尽快自立！

女孩也需要“独行”的机会

我们都知道，人有社会属性，每个人都要逃离父母的怀抱，去经历社会的洗礼，可以说，父母越早放手，孩子独立得就越快。诚然，女孩需要父母的保护，但父母更应该给女孩“放行”，让女孩直面困难，处理发生在自己身上的生活事件，这样，女孩才能由自立变为自强，这是正面管教女孩的要点之一。

“我的女儿已经七岁，干什么事还都离不开父母，后来，我有意把一间小屋交给她安排。经过一段时间的训练，她不仅敢一人睡一个房间，还学会了铺床、叠被、整理房间，从依附向独立迈出了可喜的一步。她经常带小朋友到她的‘领地’来做各种游戏。那神情、那口吻俨然是一位‘小老师’，表现出一定的组织能力和表达能力。”

上面的案例告诉家长们，为女孩创造独立活动的环境，能使女孩的独立性得到迅速的发展。

然而，在日常生活中，不少父母不愿看到女孩有一点点失败和挫折。殊不知，这样做却在女孩成长的道路上设下了一个温柔的陷阱。只有在实践中才能锻炼人的能力。

培养女孩的自立能力，就要给她“放行”，给女孩一个“独行”的机会，专家建议：

1. 要给女孩一个独立活动的空间

让女孩独立活动，做力所能及的事。家长适时给予指导和鼓励，从而提高孩子的自信心，增强孩子的独立性，使其主动地去发展自己的能力。

2. 要给女孩自己作决定或承担责任的机会，提高她的“参与”能力

培养女孩的“参与”能力，有利于锻炼她们独立思考和应

变的心理素质。比如，有客人来访，可让孩子去拿些糖果、糕点招待客人，鼓励女孩与客人交谈、提问、请教，带客人的孩子去玩耍，这样可以提高孩子的社交能力。

又如，在讨论家庭计划或节假日安排时，也让女孩发表自己的见解。当孩子讲得有道理时，做父母的不妨从旁叫一声好。这声“好”的作用很大，可以帮助女孩树立自信心，解除女孩心理或身体上的拘束以及口头表达能力上的障碍。同时，对女孩正确的意见予以采纳，保护女孩的积极主动性，促使其独立思考能力进一步发展。

3. 要扩大女孩的生活范围，放手让女孩“闯荡”

有些家长总对孩子不放心，对女孩的活动范围过多地加以限制，结果抑制了女孩主动性的发展，致使女孩习惯于一切坐等父母安排，生活自理能力差，遇到新环境、新情况就不知所措。所以，让女孩经常参加一些活动，有助于她们在心理上摆脱对父母的依附，同时可以开阔女孩的视野，增长她的见识，培养女孩的责任感、事业心、钻研精神和独立能力等。

比如，我们可以在节假日带女孩去旅游，让她留心大自然的景象及其变化以及风土人情，让孩子运用她学到的知识来分析看到的现象等。

总之，给女孩“放行”，给女孩子“独行”的机会，有助于教会女孩自立的本领，比给她留下别的财富更为宝贵！

支持女孩参加社会实践

古人云："读万卷书，行万里路"，学习的最终目的是学以致用，对于女孩来说，最终都要走进社会，社会才是人生真正的战场，而我们强调的要呵护女儿，并不是让女孩深居闺中，不谙世事，这样只会导致女孩没有主见，缺乏判断和自主能力。只有让女孩融入实际的生活中，才能发现生活中的美丑善恶，才能找到改善生活、改变社会的途径，才能成为一个有主见的女性。

现在，美国许多中小学校甚至幼儿园非常流行"吃苦"教育。为了使生下来就不缺吃不缺穿的孩子们明白生活中还有苦，世界上还有许多人吃不饱饭，还有许多需要同情和援助的人，有些学校甚至组织学生上"要饭课"，有意识地让学生们体验饥饿。

为了教育孩子们懂得珍惜粮食，学会同情穷人，一些学校将"忆苦教育课"设为必修课。位于马里兰州的温顿小学连续开设3天"要饭课"。吃午饭时，大多数学生扮成流浪汉、乞丐或者穷人，到学校开设的大锅前排队领取食品。他们"要"来的饭菜不仅不足以填饱肚子，而且饭菜的质量也相当粗糙，有时只是些很难下咽的水煮土豆。学校还配合忆苦教育，给孩子们讲述美国普通人过去的生活，告诉孩子们即使在当今的美国，每年至少有100万无家可归者。而在全世界，生活在贫困当中、靠乞讨为生的贫困人群至少有2亿。

旧金山市开展的“体验饥饿”活动中，全校11～14岁的孩子们都积极参加。扮作穷人的孩子只能领到一份少得可怜的粗制面包。在体验活动中，孩子们不仅感受到了饥饿的滋味儿，还明白了不应该浪费粮食，更应该同情那些生活在贫困线上的人们。

走向社会是每个女孩必将经历的人生课题，参加社会实践，能让女孩在成长道路上既开拓视野，又增长智慧，最重要的是，能通过亲身感知社会现实状况，从而珍惜现在的生活，并逐渐独立起来，形成良好的品质和人格。

因此，作为父母，我们不妨鼓励女孩走出校门和家门，去亲近自然，融入生活，关注社会的实践活动。让女孩从小就融入鲜活的生活，带自己主动发现的生活问题、社会现象，进行调查研究，寻求解决问题的方案，增强她们的独立意识和主见。通过一些社会实践活动，女孩们会变得敏感、活跃，能用一个孩子的眼睛主动寻找发现生活中、社会上存在的问题、弊端、不合理之处，从而让她们形成许多有价值的研究问题，开启自己的智慧。

现代社会，女性的自主意识意境成为决定女孩命运的重要因素，而社会实践活动，正是充当了让女孩提前经历社会，历练自己的这一角色，放宽女孩的视野，进而培养女孩的阅世能力。

当然，我们鼓励女孩参加社会实践活动，还是要达到一种教育的目的，不是走过场，要让女孩自己解决活动中遇到的困难。同时，在一些社会活动中，家长还可以让女孩自己筹划、联系和组织。这样，孩子可以从中得到更多的锻炼、收获和乐趣。家长要鼓励孩子在社会实践中注意观察，学会提问，善于交往，动手动脑，勤做记录，这样收获会更大。

教会女孩合理利用时间

小美是个很可爱的小女孩，她虽然只有10岁，却不需要爸妈吩咐任何事情。每个周末，小美早晨起来第一件事情就是摊开记事本，写下自己一天要做的事情，并且按照轻重缓急从上到下罗列开来。

接着，小美从第一件事情开始做，做完一件事情才会做下面的事情。根本不用大人督促，小美不但能很快地把作业做完，同时还有玩的时间，这令爸妈很高兴。

小美这个习惯还是从妈妈那儿学来的，妈妈是个业务员，每天要做的事情通常都记下来，然后按照所写去做，工作效率很高。小美在妈妈潜移默化的影响下，也养成了把一天的事情按重要程度罗列出来这个好习惯，并且受益匪浅。

案例中，小美就是个珍惜时间并且懂得合理利用时间的女孩。与小美不同的是，我们看到不少女孩，写作业时，一点毅力和耐心都没有，这都是女孩不会时间管理的表现，父母都有"望女成凤"之心，都希望孩子能有一个很好的未来，但这一愿望的实现，是要父母充分挖掘孩子的潜能和智慧，会统筹规划自己时间的女孩更能事半功倍地学习和生活。那么，父母该怎样教会女孩合理利用时间呢?

1. 让女孩学会珍惜时间

可能很多家长会认为，孩子年龄还小，再让她玩几年，到了一定的年龄，她会知道学习的；还有一些父母认为女孩不能放过任何空闲的时间，这两种教育方法都是极端的，真正的珍惜时间，是指该学的时候就认认真真地学，不要去想和玩有关的东西，该玩的时候就痛痛快快地玩，也不要去想学习。光玩不学不行，光学不玩不行，边玩边学也不行。

2. 让女孩划分事情的轻重缓急

父母可以帮助女孩把复杂的工作分解一下，再制订一个时间进度。就拿写作业来说，父母可以试着让女孩调整写作业的顺序，一般先做简单的，再做有难度的。因为人的最佳学习状态应该是在学习的十分钟以后，口头作业和书面作业交替做，这样不会太乏味。

父母每天让女孩把一天的任务写下来，分出哪些是紧急要做的，哪些是次要的，哪些是必须要做的，哪些是可做可不做的等，做一个先后排列，然后让孩子根据排列的先后顺序去做事，就会提高孩子的时间管理能力。

3. 教会女孩统筹安排

会统筹安排，才会在同样的时间内做出更多的事情，提高时间的利用率。

女孩和男孩不一样，一般情况下，女孩比较善于完成别人已经统筹好的计划，而这正是女孩的缺陷，父母不能忽视弥补女孩的这一能力。孩子做事情大多都是一件事情完成后再去做另外一件事情，父母要教孩子学会同时做几件事情，根据事件的特点与需要的时间学会统筹安排，这样能够节约时间。

4. 帮女孩养成科学的作息规律

科学的作息规律，不仅有利于休息，还能提高做事的效率。父母根据孩子的特点，帮孩子制订一个适合的科学作息规律，不但保证了孩子的睡眠，还能避免孩子在课堂上打盹儿，从而提高时间的利用率，加强孩子的时间管理能力。

第10章

共同成长：成为更好的自己

我们都知道，任何一个女孩的成长都与家庭有着至关重要的关系，家庭是女孩人生的第一所学校，家长是女孩最重要的启蒙老师，父母的言行无时无刻不在影响着女孩，因此，如果我们希望培养出出色、健康、积极的女孩，首先自己要积极上进，与孩子一起成长，这对于孩子今后的成功有着重要而深远的意义。

用耐心和智慧帮助女孩健康成长

我们都知道，家庭对女孩一生的成长是至关重要的，家庭是女孩人生的第一所学校，家长是女孩最重要的启蒙老师。因此，作为家长，在教育女孩的过程中，切记不可急躁，对女孩有耐心是教育的智慧。有这样一个小故事：

一个小女孩在草地上发现了一个蛹，她把蛹带回家，想看看蛹怎样变为蝴蝶。过了几天，蛹上出现了一道小裂缝，里面的蝴蝶挣扎了好几个小时，身体似乎被什么东西卡住了，一直出不来。小女孩于心不忍，就想助它一臂之力。于是她拿起剪刀把蛹剪开，帮助蝴蝶脱蛹而出。可是，这只蝴蝶的身躯臃肿，翅膀干瘪，根本飞不起来，不久就死去了。

其实蝴蝶在蛹中的挣扎是它适应自然界的一个必经过程，没有这段痛苦的经历，它就无法强大。由这个故事联想我们对女孩的教育，我们应该认识到教育不是一两天的事情，教育工作中遇到的问题也不是一两次就能解决的。揠苗助长有害，欲速则不达是每个家长都应该明白的道理，对女孩要有耐心，我们要学会等待，要从一点一滴做起，以小见大。

真正会教育孩子的家长往往都能遵循孩子成长的特点，凡事耐心引导，而不是不问青红皂白，对孩子发脾气。为此，家长在教育女孩的过程中，需要做到：

1. 倾听时，不打断，不急于作出评价

即使女孩的想法未必正确，我们也要尊重，因为女孩毕竟还小。父母不压制孩子的思想，尊重孩子的感觉，孩子自然会敬重父母。

2. 理解女孩的情绪

我们大人都有自己的情绪，更何况孩子，我们接纳她的情绪，她自然会有进一步的认识。

譬如，当孩子知道奶奶买了玩具送给小表妹作生日礼物的时候，她吵着也要，此时大人应解释道："你感到不公平，但要知道这是给妹妹的生日礼物，你生日时奶奶也会送给你礼物的"。通过这番对话，能帮助孩子了解自己，了解社会，从而变得通情达理。

3. 领会女孩的话意

在女孩还小，她们不开心时，就会直接用啼哭来表示。逐渐长大后，孩子也知道哭不能解决所有的问题，因此，她们逐步学会了隐藏自己的情绪，而选择用另外一种方式来表达，如当孩子生病时她会对你说："妈妈，我最恨医生"，此时你应顺着她问："他做了什么事让你恨他？"孩子若说类似于这样的话："他总是给人打针，要人吃苦药水"，你可以表示理解地回答她："因为要打针吃药，你觉得很不好受，对吗？”这样，孩子的紧张心理会得以缓解，也会接受接下来你的引导。

4. 分享女孩的感受

无论孩子是向父母报喜还是诉苦，你们最好暂停手边的工作，静心倾听。若边工作边听，也要及时作出反应，表达出自己的想法或感受，倘若只是敷衍了事，孩子得不到积极的回应，日后也就懒得再与大人交流和分享感受了。

给予女孩话语权，让她们诉说心声

父母都爱自己的孩子，但是未必了解女孩心中所想，其实，很多时候，是因为我们漠视了女孩心中的想法，很多家长潜意识中把孩子看成自己的附属品，甚至是替代品，在沟通中，也就无意识地剥夺了女孩的话语权。

家长漠视孩子的感受，不给她们发言权，时间一长，孩子就会自动放弃争取自己的权利。孩子会变得听话，但同时，也会变得懦弱。而那些尊重孩子的父母，在孩子很小的时候，他们就懂得蹲下来和孩子说话，注视着孩子的眼睛，认真聆听她们的意愿，与孩子商量办法，共同决定孩子的生活。这样的女孩，从小就有一种存在感，因为她们得到了父母的重视，她们在人际关系中有自信。因此，话语权就算是对不懂事的孩子，也是非常重要的。

因此，作为父母，如果希望女孩向你敞开心扉，那么，你就必须给孩子话语权，但给孩子话语权，并不是命令她：“告诉我！”而是应该把孩子放在与自己平等的位置，以朋友的身份鼓励孩子说，让她表达内心的真实想法与感受，在这个基础上，父母才有可能有的放矢地对孩子进行教育。

除此之外，给予女孩话语权，还需要父母做到：

1. 用心倾听是最好的交流

很多时候，作为父母，我们都忽视了女孩的真正需要，她们需要的不是教训，而是父母的理解和倾听。而事实上，很多父母却常常不问青红皂白，就对女孩进行一顿语言的狂轰滥炸。例如，“什么？你在学校又犯事了？”孩子解释说，是老师冤枉了她，结果你根本不理会孩子的解释，接着训斥：“没犯错误老师能冤枉你吗？那么多学生为什么要冤枉你一个啊？还敢撒谎！”女孩听到你的话之后，不再解释什么。其实，她这时候最需要的是你的一个拥抱，一个肯定的眼神。但你的否定却让孩子退缩了，她原本希望你是她的避风港，发现自己又遭到一番教育，甚至成为父母的出气筒，如此这般，孩子还愿意和家长沟通吗？给女孩倾诉的机会，让女孩宣泄心中的郁闷，这对女孩的心理健康是非常重要的。

2. 适时回应，适当引导

我们说，倾听很重要，并不是不要家长说话，交流需要双方有来有往，那么，在很好的倾听后，我们怎样给女孩回应呢？

更多的时候，我们要用适当的语言同理女孩的情绪，也就是认同孩子的情感。比如说："看起来你很生气。""你有点控制不住自己了是吗？""听起来你很失望，真是不走运。"用"哦""嗯""我明白了"或者说"真有意思，要是我当时在场就好了，后来呢？"启发孩子说下去。

有些时候，我们听女孩说完便不再发表意见，但有的时候，为了解决问题，也可以给女孩一些建议。

不过，给建议最好遵循一个原则，那就是让她自己分析找出办法。家长说得多了，孩子未必听得进去，经过自己思考得出的结论，才会真正成为她的经验。

父母要与时俱进，和女儿建立友谊

时代在发展，社会在进步。现代家庭中的教育，已经不像从前那么简单了，作为家长，若想获得家庭教育的成功，就不能停留在昨天的教育思想和观念上，而是要做到不断学习，更新头脑中的知识。

每个时代有每个时代的家庭教育观念，21世纪的家长为什么会在家庭教育中产生困惑？主要是现代社会变化太快了。现在我们应该既把孩子当作子女，也把他们当作朋友，当作一个与家长有平等关系的公民。我们必须抛弃“天下无不是的父母”这种陈腐的观念。

父母要想和女儿做朋友，就必须与时俱进，了解女儿在想什么，了解孩子才有共同语言。如果问到“你了解你的孩子吗？”可能有的家长会说“我的孩子，我能不了解吗？”曾经有人做过一次调查，设计了一些问题。

你的孩子最喜欢做什么？他最崇拜谁？曾经哪件事最打击他？

父母与孩子都写下这些问题的答案，然后彼此对照一下，结果发现，没有一位父母能回答对一半以上的问题。

的确，很多父母能记住女儿每次的考试成绩，记得女儿喜欢吃的食物，但就是弄不清女儿喜欢的偶像是谁？是拍电影的还是唱歌的？努力和孩子建立共同的爱好，了解女儿，懂女儿，女儿才有和你交流的兴趣和欲望。

有人说，新世纪，要做好父母、教育好女儿真是不容易。的确，时代在变化，今天与昨天不同，明天与今天也不同。作为父母，我们都能感受到科学技术、新信息给我们生活带来的变化，更何况是人生刚刚开始的女孩？很明显，那些旧的环境下的教育模式，已经明显不适应新时代的女孩了。

因此，作为父母，我们也要和女儿一起学习和成长，我们不妨学会在女儿面前“化化妆”——用新知识、新技能包装自己，“演演戏”——每天花上几十分钟，学点新知识，设计一些“脚本”，用自己的行为影响女儿，用新鲜的话题引导女儿。

天下没有教育不好的孩子，只有不懂教育的父母，家长教育孩子，首先要反思：你是否唠叨？你与女儿的话题是否永远都是学习、听话？你是不是经常暗示女儿一定要考上大学？你是否发现，女儿越来越不愿意和你交流？女儿是不是觉得你越来越“土”？之所以请你反思，是因为孩子在长大，或多或少会表现出逆反心理，父母越是要求她们，她们越不爱听。最好是改变我们自己的做法，打开与女儿的交流之门，缩短与女儿的心灵距离。

的确，我们的女儿天天在用现代化的眼光审视我们，逼迫我们去学习新东西，督促我们朝现代化靠近！呆板的、单一的、简单的家教已经行不通了，父母要在人格魅力、学识素养各方面得到女儿的敬佩与爱戴。21世纪，变是唯一不变的真理。变是常态，不变是病态。因此，我们不妨改变一下自己，用21世纪的尺子来量量自己，学点新知识，变个新形象，努力当好“现代父母”！

尽早挖掘女孩的各种天赋

我们都知道，女孩天生比男孩在很多方面有优势，比如，女孩比男孩更懂事、乖巧……但我们深感奇怪的是，随着年龄的增长，女孩的这些天赋将会被埋没。面对女孩天赋的消失，很多父母很迷茫和不解：为什么女孩越长越没出息呢？其实，并不是女孩越长越没出息，这与女孩的发展规律有关。

青春期之前，女孩的智力要比男孩发展得快一些，这时的女孩会表现出很多天赋。但到了青春期，由于受身体和情绪的变化等因素的影响，女孩的天赋会渐渐减少，但值得注意的是，这并不是影响女孩天赋发展的主要因素。其实，父母对女孩的态度决定了她的未来。

作为父母，不知道你的家庭中有没有这样的场景：

女孩唱歌跑调了，妈妈马上纠正，并且还说：“别再折磨我们的耳朵了！”女孩把刚从幼儿园学到的舞蹈跳给爸爸看，爸爸看完后笑得肚子都痛了，最后给了女儿一句评价：“宝贝，你的舞蹈好奇怪呀！”……女孩是很敏感的，作为她最亲近的人，父母都这样对待她的“作品”，这对她的心理将会造成很大的伤害，这些消极的声音会严重地打击她的积极性，这将阻止她沿着天赋的道路继续走下去。

儿童心理学家曾总结过这样一段话：“父母对女孩的影响是潜移默化的，它不仅塑造着女孩的人生观和价值观，还描画着女孩看自己的表情，如果父母眼中的女孩正直自信，女孩就不会辜负这份信任；如果父母眼中的女孩懦弱无能，女孩就会对自己产生怀疑。”

那么，父母到底应该挖掘女孩的哪些潜能和天赋呢？

1. 让女孩尽情发挥语言天赋

与男孩相比，语言天赋是女孩很早就显示出的天赋之一，由于大脑结构的优势，女孩通常比男孩更早、更生动、更流利地使用语言。通常男孩到4岁半才能讲清楚自己想要表达的内容，而女孩3岁时就能做到了。女孩能使用更多细腻、生动的词汇，正是由于女孩具有这种天赋，所以父母更应积极鼓励女孩说出自己的感受和体验,表达自己的观点。

2. 发挥女孩心灵手巧的天赋

当男孩还在为写不好字而着急时，女孩已经初显心灵手巧的潜能了。有些女孩对色彩比较敏感，她们很早就可以握住画笔，按自己的意图画出喜欢的动物、花、草和小房子；有些女孩对针线、系小线绳情有独钟，看到妈妈织毛衣，做针线活，她们也会找些碎布织织缝缝；有些女孩天生有一双美丽、细长的小手，特别适合弹钢琴；有些女孩对书法感兴趣，泼墨挥毫，像模像样……当父母发现女孩在这些方面有天赋时，都要给予孩子鼓励，鼓励她发挥自己的天赋，给予夸奖和积极的暗示。

3. 发挥女孩人际交往的天赋

在女孩的眼里，世界就是由各种关系组成的，她们倾向于关系式的生活方式，因此，女孩的优势也将围绕关系展开。她们天生喜欢语言、社交和与人交流，鼓励并引导女孩参与人际交往，对女孩今后的生活大有益处。

总之，正面管教女孩中，就包括挖掘女孩的潜能、发现女孩的天赋，父母一旦发现了女孩的天赋，就要积极地把它引导出来，这样，女孩所具备的那些天赋才会成为她终身的财富。

培养女孩有深度、有活力的思维

笛卡尔说："我思故我在！"一句至理名言是这样描述思想的价值的：如果你有一个苹果，我也有一个苹果，那么我们交换，每个人都只有一个苹果。但是如果你有一种思想，我也有一种思想，那我们彼此交换后，我们就都有两种思想。由此可见，思想的意义在于它的延展性和可传播性。也就是说，思维有多远，就能走多远。

思想是超越现实的起点，同时也可能成为禁锢创新的囚笼。对于成长中的女孩来说，思维的成熟程度以及深度将直接决定她们将会成为一个什么样的人，做什么事情甚至是她们生命的长度，而她们的思维是受生活、环境以及自身经历和个人原则影响形成的，也就是说，她的思想就是人格和心态的真实写照。

我们从正面管教女孩，不仅要锻炼女孩的意志力，还要培养她们成熟的思维，但成熟并不意味着一成不变，而是要敢想敢做。思维是行动的老师，思维有多远，女孩就能走多远，思维的高度有时决定了女孩到达目标的高度。

那么，作为父母，该如何科学地教育女孩，帮助女孩形成有活力、有深度的思维呢？

1. 为女孩树立正面的、积极的形象

孩子的思维深浅，目标大小，都与家长的期望和理想状态有很大的关系，有关调查和笔者个人的感受表明，当前许多家长对女孩的期望，短视、片面地局限在“考上好的大学”。对女孩只有学业期望，而缺乏人格期望，开口闭口总是“我们什么都不要你做，你把书读好就行了”，这必然给女孩的发展埋下一枚不定时的炸弹。也有些家长，自己喜欢吃喝玩乐，混混沌沌地过日子，潜移默化的结果就是女孩成为如此父母的镜子。

所以，为人父母，要想女孩是个有远见和理想的人，自己首先是个有理想、敢奋斗的人，这是最简单不过的道理。同时，一定要把对女孩的期望调整到首先培养孩子的优良人格上。

2. 家长需要了解女孩各个年龄阶段理想发展的基本特点

根据不同年龄段女孩的思维，采取不同的方式引导。

3. 为女孩提供实践机会

联系思维和现实之间的纽带就是实践，再美好的思维理想，如若不付诸行动，也如痴人说梦。这一点，应该落实到生活的细节上。比如，凡是女孩应该做的事情，家长不包办代替；当女孩遇到困难挫折时，鼓励她，并教给她具体的方法；经常讲些由于人格良好而人生非常成功的个案等。

家庭教育是一项非常重要但又十分复杂的任务，抓早，抓得自然很重要。到少年期后，家长的权威会受到女孩的挑战，影响力也会相对减弱。

只要家长运用正确的方式，让女孩踏踏实实走好每个“今天”，考虑好“明天”，她们一定可以接近或实现自己的理想，她们的人生也会快乐、幸福！

培养思路开阔、目光长远的女孩

我们深知，一个人只有具备长远的目光，才能把握大局，从而一举夺得成功。现代社会的女孩也要有这种思路，在面对经济问题时也是，而这一思路的获得，必须由家长在日常生活中加以点滴的引导才能获得。

生活中，我们经常看到，真正富裕之人思路开阔、目光长远，而那些目光短视，“利”字当头、只在乎眼前的蝇头小利、什么亏都不肯吃的人无法长久的富裕。由此证明，思路决定人的经济地位。未来社会，女孩要想获得经济自由，就要有长远的目光，是否思路开阔、目光长远，决定了女孩的生存状况，灵活的思路需要家长从小培养。

法国教育家卢梭在《爱弥儿》一书中对已为父母的人说：“你知道用什么办法准能使你的孩子得到痛苦吗？这个方法就是：百依百顺。因为有种种满足他欲望的便利条件，所以其欲望将无止境地增加。结果，使你迟早有一天因为无能为力而表示拒绝。但是，由于他平素没有受到过你的拒绝，突然碰了这个钉子，将比得不到他所希望的东西还感到痛苦。”

的确，现在的女孩都是家里的小公主，根本不愁吃穿，可见到自己没有的或想要的东西就得立刻拿到手、吃到嘴，脾气一个比一个急，想法也是一个接着一个地往外冒；而人们日渐鼓起来的腰包，快节奏的、近似快餐式的生活方式加速了成人的性子，也使他们无条件地满足家中唯一宝贝的愿望。然而，面对父母的有求必应、百依百顺，孩子的头脑中逐渐形成了这样的思维定势：我要什么马上就能有什么。

曾经有个社会调查者告诉一群女孩："这里有糖，你们可以马上吃，但如果等我出去办完事回来再吃，你们可以得到双份的糖。"跟踪实验的结果表明：那些有耐心等待的孩子，长大后比较能适应环境、讨人欢心、敢冒险、自信、可靠且经济地位都很高；而那些只满足眼前欲望的孩子，长大后各方面都不如前者。

因此，家长与其为女孩积累财富，还不如教会女孩积累财富的本领，从让她拥有灵活的思维开始，告诉她，短视不能带来长久的财富，并在生活中设置一些障碍，进而挖掘出她的潜能，这样培养出来的女孩才是一个情商高的孩子，长大后才能目光长远，不沉溺于短暂的利益之中。

总之，思维的培养是帮助一个人成为更棒的自己，而不是把他完全变为另一个人。家长正面管教女孩，就要训练女孩的大脑，增进她思考的能力，才能让女孩的未来更美好、更光明，同时也使她走向成功！

帮助女孩获得创造性思维

前面中我们分析，女孩在理性思维能力上不如男孩，而在感性思维上超越男孩。未来社会，女孩要和男孩一样参与激烈的竞争，所以，父母有必要从小就培养女孩的理性思维能力，以弥补其先天性不足。不得不说，女孩要想在未来社会竞争中脱颖而出、担当大任，必须学会灵活变通，必须学会创新。创造性思维通常包括逆向思维、发散思维、抽象思维，其实思维的实质是一致的，只是换了一个完全不同的角度和方向。

女孩创造性思维的获得需要家长的帮助，毕竟没有一个孩子生来就是天才。

1. 发散思维的获得

这需要父母在日常的生活中对女孩进行联想思维的训练，以此锻炼发散思维，让女孩从中得到启示与感悟，这也有助于提高女孩的写作水平。

2. 抽象思维的获得

为了测试女孩的抽象思维能力，你可以这样做：

你可以将一顶帽子挂在高处，然后给女孩三根短竿，要她想办法把帽子取下来。如果女孩在四岁以下，她是很难想到将三根竹竿拼接起来的，如果她想到了，说明她的抽象思维能力不错。

训练幼年女孩的思维概括能力，常见的是分类方法，如要求孩子把摆在一起的食品和用品分开，把动物和植物分开，把蔬菜和水果分开，等等。这种训练可以帮助幼儿的思维从具象进入抽象，而具有抽象概括能力是儿童智力的一大飞跃。

当女孩开始独立思考的时候，家长可以进行一些数字排列的训练。比如，要求她在5、7、9、10、11、13、15这七个数中去掉一个多余的数。看她能否从这个奇数数列中挑出那个多余的偶数10。这种数的概括推理方法，小学一二年级的学生也不是轻而易举就能掌握的。如果孩子做到了，那么说明她的独立思考能力也不错。

3. 逆向思维的获得

逆向思维是创造性思维中的主要部分，逆向思维有两大优势：

优势一：能让思维豁然开朗，能解决很多常规思维难以解决的问题。

优势二：逆向思维会使女孩独辟蹊径，在别人没有注意到的地方有所建树，在日常生活中积极主动地运用逆向思维，能够起到拓宽和启发思路的重要作用，当女孩陷入思维的死角时，我们可以鼓励她不妨采用逆向思维，打破思维定式，可能会获得灵感，突破思维矿井。

家长可以有意识地为女孩设置一些逆向思维的情景，如在告诉女孩司马光的故事前，可以反问女孩："如果你遇到这种情况，你该怎么办呢？"如果女孩的回答和司马光的做法是一样的，那么她未来肯定是个有智慧的人。不过正常情况下，女孩的回答应该是不一样，那么家长就应该引导女孩，让她在生活中的其他事情上，尝试这种思维方法，久而久之，女孩也就有这种思考习惯了。

的确，不寻常的方略引导不寻常的成功，家长应该让女孩灵活变通，当大家都朝着一个固定的思维方向思考问题时，不妨让女孩换个方向思索，这实际上就是以"出奇"去达到"制胜"。这种思维方式一旦运用到女孩的学习中，学习效率就会大大提高，而当女孩长大成人时，这种思维方法会让她事半功倍，甚至会收获不同寻常、出其不意的成功。

注重开发女孩的想象力

我们深知，同样是思维，有些女孩的想象力不如男孩，她们更善于接受已定的计划。正是这种想象力的缺乏，让女孩的思维能力的发挥受到限制，不利于女孩今后的发展。因为在当今社会，常规思维已经被淘汰，循规蹈矩意味着失败，相反，敢想、敢做的女孩才能在人群中脱颖而出，才能创造性地完成自己的人生目标。

想象的重要性我们深信不疑，有人生活的地方，都离不开想象。毕加索曾经说过：“我花费了终生的时间去学习像孩子那样画画”，这说明孩子天生就具有想象力丰富的特点，这在他们的成长中有着重要地位。女孩想象力相对男生缺乏并不意味着女孩想象力的缺失，也并不能成为阻碍她们智慧的获得。

女孩从3～4岁开始，就已经想象事物了。例如，她们会参加一些想象性游戏，她们会把自己的玩偶当成朋友，给它们做饭，给它们治病，拿小手帕给娃娃擦眼泪等。再如，女孩想象自己长大后成为一名画家，借助于画报想象动物在森林中生活、嬉戏。大人说玩开轮船游戏，女孩能主动提出游戏的情节、角色的分配以及玩法等。

这一切都反映了女孩无处不在的想象力。作为父母，一定要开发和挖掘孩子内在的想象潜能，把这种想象潜能转化为一种智慧和能力。

那么，家长应该怎样开发女孩的想象力呢?

1. 培养女孩的观察能力

父母要清楚地认识到，所有的想象都必须建立在现实的观察之上，没有一个人的想象力能离开他对现实世界的观察和联想。父母要想培养孩子的想象力，首先培养孩子的观察能力。

其实，女孩本身就是细腻的，喜欢用眼睛去观察周围的世界，然后得出自己的结论。因此，父母应尽可能地引导孩子多多观察周围的事物，为孩子提供准确观察周围事物必需的材料。这样，孩子的想象力才有现实的基础，才会更精确，更有创造性。

2. “观察和等待”，别打扰女孩的想象行为

对于孩子这些自发的富有创造性的想象力行为，父母一定要小心呵护，绝不要阻止他们自发的这些活动。每当发现孩子们在进行这些活动的时候，父母需要做的就是等待——除了“观察和等待”之外，不需要提供任何帮助。除非孩子主动请求父母的援助。

3. 把孩子的想象变成现实，而不是让孩子空想，为孩子的想象力奠定现实的基础

这一基础打得越牢，孩子的想象力就越丰富。任何夸张或粗糙的空想都不能使孩子走上正轨。我们只有做好充分的准备，才能为孩子的想象力开掘出一条壮阔的通道，让孩子的智慧之泉流淌。

父母需要配合孩子想象力的成长，提供更具想象力的空间，来开发他们的创造性。毕竟，我们的孩子应该超过我们，从这个意义上来说，我们对孩子的想象力发展不应该做过多的限制。

当然，父母们需要注意：创造性想象并不是一种虚无缥缈

的空想。陷入空想的女孩精神会变得恍惚，也无法融入现实社会，很难在社会上正常生活。所以，女孩的想象力，需要父母的引导，需要父母为其插上翅膀，这样，这种想象力就变成了女孩独特的智慧！

参考文献

[1]王荣华. 正面管教男孩100招[M]. 北京：民主与建设出版社，2018.

[2]云晓. 培养完美女孩的100个细节[M]. 北京：朝华出版社，2008.

[3]周礼. 正面管教儿童心理学[M]. 上海：文汇出版社，2017.

[4]简・尼尔森，谢丽尔・欧文，罗丝琳・安・达菲. 0～3岁孩子的正面管教[M]. 花莹莹，译. 北京：北京联合出版公司，2015.